O CONSENTIMENTO

# VANESSA SPRINGORA

O CONSENTIMENTO

Tradução
Maria Alice Araripe de Sampaio Doria

2ª edição
Rio de Janeiro-RJ / Campinas-SP, 2021

VERUS
EDITORA

Editora
Raïssa Castro

Coordenadora editorial
Ana Paula Gomes

Copidesque
Maria Lúcia A. Maier

Revisão
Cleide Salme

Diagramação
Beatriz Carvalho

Título original
Le consentement

ISBN: 978-85-7686-818-7

Copyright © Éditions Grasset & Fasquelle, 2020

Tradução © Verus Editora, 2021
Direitos reservados em língua portuguesa, no Brasil, por Verus Editora.
Nenhuma parte desta obra pode ser reproduzida ou transmitida por qualquer forma e/ou quaisquer meios (eletrônico ou mecânico, incluindo fotocópia e gravação) ou arquivada em qualquer sistema ou banco de dados sem permissão escrita da editora.

Verus Editora Ltda.
Rua Benedicto Aristides Ribeiro, 41, Jd. Santa Genebra II, Campinas/SP, 13084-753
Fone/Fax: (19) 3249-0001 | www.veruseditora.com.br

CIP-BRASIL. CATALOGAÇÃO NA FONTE
SINDICATO NACIONAL DOS EDITORES DE LIVROS, RJ

S755c

Springora, Vanessa, 1972-
  O consentimento / Vanessa Springora ; [tradução Maria Alice Araripe de Sampaio Doria]. - 2. ed. - Campinas [SP] : Verus, 2021.
  21 cm.

  Tradução de: Le consentement
  ISBN 978-85-7686-818-7

  1. Springora, Vanessa, 1972-. 2. Escritoras - França - Biografia. I. Doria, Maria Alice Araripe de Sampaio. II. Título.

20-65497
CDD: 928.41
CDU: 929:821.133.1

Camila Donis Hartmann - Bibliotecária - CRB-7/6472

Revisado conforme o novo acordo ortográfico.

Seja um leitor preferencial Record.
Cadastre-se no site www.record.com.br e receba informações sobre nossos lançamentos e nossas promoções.

Atendimento e venda direta ao leitor:
sac@record.com.br

A Benjamin
e
para Raoul

PRÓLOGO

Os contos de fadas são uma fonte de sabedoria. Se assim não fosse, por que atravessariam as épocas? Cinderela se esforça para sair do baile antes da meia-noite; Chapeuzinho Vermelho desconfia do lobo e de sua voz sedutora; a Bela Adormecida evita aproximar o dedo do fuso de atração irresistível; Branca de Neve se mantém afastada dos caçadores e sob nenhum pretexto morde a maçã, tão vermelha, tão apetitosa, que o destino lhe oferece...

Tantos avisos que todos os jovens fariam bem em seguir ao pé da letra.

Um dos meus primeiros livros foi uma coletânea dos contos dos irmãos Grimm. Eu o manuseei até ficar gasto, a ponto de as costuras desfiarem sob a grossa capa dura, até que as páginas acabaram se desprendendo uma a uma. A perda me deixou inconsolável. Embora essas histórias maravilhosas me falassem de lendas eternas, os livros não passavam de objetos mortais, destinados ao lixo.

Antes mesmo de saber ler e escrever, eu os fabricava com tudo o que me caísse nas mãos: jornais, revistas, papelão, fita adesiva e barbante. Da forma mais resistente possível. Inicialmente, era o objeto. O interesse pelo conteúdo viria mais tarde.

Atualmente eu os observo com desconfiança. Uma parede de vidro se ergueu entre mim e eles. Sei que podem ser um veneno. Sei o fardo tóxico que podem conter.

Durante anos ando em círculos em minha jaula, meus sonhos povoados de assassinato e vingança. Até o dia em que a solução finalmente se apresenta aos meus olhos como uma evidência: capturar o caçador em sua própria armadilha, confiná-lo num livro.

I

A criança

> Nossa sabedoria começa onde a do autor acaba,
> e gostaríamos que ele nos desse respostas,
> quando tudo o que ele pode fazer é nos dar desejos.
>
> — MARCEL PROUST, *Sobre a leitura*

Na aurora da minha vida, virgem de qualquer experiência, do alto dos meus cinco anos, espero o amor.

Os pais são uma proteção para as filhas. O meu não passa de um esboço. Mais que uma presença física, eu me lembro de um cheiro de vetiver que embalsama o banheiro de manhã cedo, objetos masculinos colocados aqui e ali, uma gravata, um relógio de pulso, uma camisa, um isqueiro Dupont, um modo de segurar o cigarro entre o indicador e o dedo médio um tanto longe do filtro, uma maneira sempre irônica de falar, tanto que nunca sei se ele está brincando ou não. Ele sai cedo e volta tarde. É um homem ocupado. Muito elegante também. Suas atividades profissionais mudam rápido demais para eu conseguir compreender a natureza delas. Na escola, quando me perguntam sobre sua profissão, sou incapaz de nomeá-la, mas isso é evidente, já que o mundo o atrai mais que a vida doméstica, ele é alguém importante. Pelo menos é o que eu imagino. Seus ternos são sempre impecáveis.

Minha mãe me concebeu na idade precoce de vinte anos. Ela é linda, os cabelos de um loiro escandinavo, o rosto delicado, os olhos de um azul pálido, uma silhueta esbelta com curvas femininas, um belo timbre de voz. Minha adoração por ela não tem limites, ela é meu sol e minha alegria.

Minha avó repete sempre que meus pais formam um belo casal, se referindo ao físico cinematográfico deles. Devíamos ser felizes, no entanto minhas lembranças da nossa vida a três naquele apartamento onde por pouco tempo conheci a ilusão de uma unidade familiar têm tudo de um pesadelo.

À noite, enfiada embaixo dos cobertores, ouço meu pai gritar, chamar minha mãe de "vagabunda" ou "puta", e não entendo o motivo. Ao menor sinal, por um detalhe, um olhar, uma simples palavra "inapropriada", o ciúme dele explode. De um momento para o outro, as paredes começam a tremer, a louça voa, as portas batem. Maníaco-obsessivo, ele não tolera que se mude um objeto de lugar sem o seu consentimento. Um dia, por pouco não estrangula minha mãe porque ela derrubou um copo de vinho numa toalha branca que ele acabara de lhe dar. Logo esses episódios começam a se repetir cada vez com mais frequência. É como um carro lançado numa corrida desenfreada, e ninguém pode pará-lo. Meus pais passam horas jogando os piores insultos um na cara do outro. E isso vai até tarde da noite, quando minha mãe vem se refugiar no meu quarto para soluçar em silêncio, agarrada em mim, na estreita cama de criança, antes de ir sozinha para a cama de casal. No dia seguinte meu pai está dormindo no sofá da sala de novo.

Contra os acessos de raiva irreprimíveis e os caprichos de criança mimada, minha mãe gastou todos os seus cartuchos. Não existe remédio para a loucura desse homem com distúrbio de caráter. O casamento deles é uma guerra sem fim, uma carnificina cuja origem ninguém mais lembra. O conflito em breve será resolvido de maneira unilateral. É uma questão de semanas.

No entanto, os dois devem ter se amado um dia. No fim de um corredor interminável, oculta pela porta do quarto, a sexualidade deles tem em mim o efeito de um ponto cego onde estaria escondido um monstro: onipresente (as crises de ciúme do meu pai são um testemunho cotidiano disso), mas totalmente esotérico (não tenho nenhuma lembrança do menor abraço, do menor beijo, do mais ínfimo gesto de ternura entre os dois).

Acima de tudo, o que eu procuro, sem o saber, é decifrar o mistério que conseguiu juntar duas pessoas atrás da porta fechada de um quarto e o que se passa entre elas. Como nos contos de fadas em que o sobrenatural irrompe bruscamente no real, a sexualidade parece, no meu imaginário, um processo mágico de onde miraculosamente nascem os bebês, e que pode surgir inesperadamente na vida diária sob formas muitas vezes indecifráveis. Provocado ou acidental, o encontro com esse poder enigmático desperta muito cedo na criança que eu sou uma curiosidade persistente e aterrorizante.

Várias vezes vou aos prantos até o quarto dos meus pais no meio da noite e, de pé no batente da porta, me queixo de dor de barriga ou de cabeça, com o objetivo inconsciente de interromper seus jogos amorosos, e os encontro com o lençol puxado até o queixo, o ar idiota e estranhamente culpado. Dessa imagem, a dos corpos enredados, não guardo o menor resquício. É como se ela tivesse sido apagada da minha memória.

Um dia meus pais são convocados pela diretora da escola. Meu pai não comparece. É minha mãe quem ouve, preocupada, o relato da minha vida diurna.

— A sua filha morre de sono, parece que não dorme à noite. Precisei mandar instalar uma cama dobrável para ela nos fundos da classe. O que está acontecendo? Ela me falou de brigas muito violentas entre a senhora e seu marido à noite. Além do mais, uma inspetora reparou que a V. vai constantemente ao banheiro dos meninos na hora do recreio. Perguntei a sua filha o que ela faz lá. Ela me respondeu com a maior naturalidade: "É para ajudar o David a fazer xixi direito. Eu seguro o pipi para ele". O David acabou de ser circuncidado e tem dificuldade de... mirar. Eu lhe asseguro que, aos cinco anos, esse tipo de atitude não tem nada de anormal. Queria apenas que fosse informada.

Um dia minha mãe toma uma decisão irrevogável. Aproveitando minha estada numa colônia de férias que planejou secretamente para fazer nossa mudança, ela deixa meu pai definitivamente. No verão que precede a minha entrada na pré-escola. À noite, sentada na beirada da minha cama, uma monitora lê para mim as cartas nas quais minha mãe descreve nosso novo apartamento, meu novo quarto, minha nova escola, meu novo bairro, enfim, o novo esquema da nossa vida quando eu voltar a Paris. Naqueles campos distantes para onde me mandaram, entre os gritos das crianças que agora se tornaram selvagens na ausência de seus pais, tudo isso me parece abstrato. A monitora sempre fica com os olhos úmidos e a voz embargada quando lê essas cartas maternas falsamente animadas. Após esse ritual noturno, em meio a uma crise de sonambulismo, eles me resgatam de madrugada descendo as escadas de costas, em direção à porta de saída.

Livre do tirano doméstico, nossa vida toma um caminho inebriante. Passamos a morar em um sótão. Quartos de empregadas reformados.* Mal conseguimos ficar de pé no meu, mas há muitos cantinhos secretos.

Tenho seis anos. Sou uma menina estudiosa, boa aluna, obediente e ajuizada, um pouco melancólica, igual a muitos filhos de pais divorciados. Não sinto revolta interior e evito qualquer forma de transgressão. Feito um bom soldadinho, minha missão principal consiste em entregar os melhores boletins escolares para minha mãe, a quem continuo amando mais que tudo.

À noite, com frequência, ela toca Chopin no piano até altas horas. Com o volume das caixas de som a toda, dançamos até tarde da noite; os vizinhos, furiosos, vociferam que a música está muito alta, mas nem ligamos. No fim de semana, minha mãe toma seu banho, magnífica, com um kir royal numa mão,

---

* Nos séculos XVIII e XIX os quartos dos empregados ficavam no último andar dos prédios, no sótão. (N. da T.)

na outra um JPS* aceso, o cinzeiro equilibrado na borda da banheira, as unhas vermelhas contrastando com a pele leitosa e os cabelos louro-platinados.

A faxina é quase sempre deixada para o dia seguinte.

Meu pai dá um jeito de não mais pagar pensão alimentícia. Alguns fins de mês são difíceis. Apesar das constantes festas em nosso apartamento e de seus amores sempre passageiros, minha mãe se mostra mais solitária do que eu teria acreditado. Quando lhe pergunto sobre o lugar que um de seus amantes representa na vida dela, minha mãe me responde: "Não se trata de impô-lo a você, nem de substituir o seu pai". Nós duas passamos a formar um par muito unido. Nenhum homem virá se intrometer na nossa intimidade.

Em minha nova escola, eu me torno inseparável de outra menina, Asia. Juntas, aprendemos a ler e escrever, mas também a explorar o nosso bairro, lugar encantador com seus cafés nas calçadas em todas as esquinas. Compartilhamos uma liberdade atípica. Ao contrário da maioria de nossas colegas, não temos ninguém para nos controlar, e, em casa, não há dinheiro para babás nem mesmo à noite. Para quê? Nossas mães confiam em nós. Somos irrepreensíveis.

Quando estou com sete anos, meu pai me recebe na casa dele por uma noite. Um fato excepcional que não se repetirá. Meu quarto, aliás, se transformou em escritório depois que minha mãe e eu deixamos o apartamento.

---

* Cigarro John Player Special. (N. da T.)

Dormi no sofá. E acordei de madrugada neste lugar onde passei a me sentir uma estranha. Para matar o tempo, me aproximo da biblioteca, organizada com muito cuidado e arrumada. Retiro dois ou três livros ao acaso, ponho-os de volta delicadamente no lugar, examino uma edição em miniatura do Alcorão escrita em árabe, acaricio a minúscula capa de marroquim vermelho, tento decifrar os signos incompreensíveis. Isto não é um brinquedo, é claro, mas bem que parece. E com o que mais eu poderia me distrair aqui? Não tem um único jogo nesta casa!

Uma hora depois, meu pai acorda e entra no escritório. Antes de fazer qualquer coisa, dá uma olhada em volta, para diante da biblioteca, examina cuidadosamente, de alto a baixo, cada prateleira. E então se agita como um demente. E, com a precisão maníaca de um fiscal de impostos, declara com ar triunfante: "Você tocou neste livro, neste e neste!" A voz tonitruante ressoa através do cômodo. Eu não entendo: que mal pode haver em *tocar* em um livro?

O mais assustador é que ele acertou. Todos os três. Ainda bem que não sou alta o bastante para ter acesso à última prateleira da biblioteca, a do alto, na qual o olhar dele se demorou por muito tempo e de onde seus olhos desceram, após um misterioso suspiro de alívio.

O que ele diria se tivesse percebido na véspera que, procurando uma coisa no armário, dei de cara com uma mulher de borracha nua, de tamanho natural, com orifícios que formavam cavidades horríveis e dobras na altura da boca e do sexo, com o sorriso zombeteiro e os olhos mornos cravados em mim, espremida entre um aspirador e uma vassoura? Outra imagem do Inferno, reprimida tão rapidamente quanto o tempo de fechar a porta do armário.

Frequentemente, depois das aulas, Asia e eu seguimos por vários desvios para retardar o momento em que devemos nos separar. No cruzamento de duas ruas, em uma pequena praça encimada por um lance de escadas, pequenos grupos de adolescentes vêm patinar, andar de skate ou fumar um cigarro. Fizemos dos degraus de pedra nosso posto de observação para admirar as proezas de meninos desajeitados e exibidos.

Numa quarta-feira à tarde, vamos lá com nossos patins de quatro rodas. Nosso início é hesitante e desajeitado. Os meninos zombam um pouco de nós, depois nos esquecem. Excitadas com a velocidade e o medo de não conseguir frear em tempo, só pensamos no prazer de deslizar. Ainda é cedo, mas, como estamos no inverno, a noite já caiu. No momento em que nos preparamos para voltar para casa, com os patins ainda nos pés e os sapatos na mão, as faces em fogo, quase sem ar, mas felizes, um homem com um casaco enorme se planta à nossa frente e, num movimento largo dos braços que o faz parecer um albatroz, abre com um gesto seco a parte da frente do sobretudo, deixando-nos petrificadas diante da visão grotesca de um sexo inchado, retesado através da abertura do zíper. Em um misto de pânico e riso descontrolado, Asia se levanta de um salto; eu a imito, mas damos com a cara no chão, desequilibradas pelos patins. Quando nos levantamos, o cara havia desaparecido, tal qual um fantasma.

Meu pai ainda faz algumas breves aparições na nossa vida. De volta não sei de qual viagem ao outro lado do mundo e passando pela casa da minha mãe para festejar meus oito anos, ele me traz o mais inesperado dos presentes: o trailer da Barbie, com o qual todas as meninas da minha idade sonhavam. Eu me jogo nos braços dele em agradecimento, passo uma hora desembrulhando o objeto com o cuidado de uma colecionadora, admirando sua cor amarelo-banana e o mobiliário interior rosa-choque. Havia mais de uma dúzia de acessórios, o teto solar, uma cozinha dobrável, uma espreguiçadeira, uma cama de casal...

De casal? Que azar! Minha boneca preferida é solteira e em vão ela vai esticar as longas pernas na cadeira dobrável, exclamando: "Hoje o sol está magnífico"; o tédio será mortal. Acampar sozinha? Isso não é vida. Subitamente me lembro de um espécime masculino guardado há séculos numa gaveta, pois até então não tivera utilidade: um Ken ruivo de maxilar quadrado, tipo um lenhador autoconfiante, vestido com uma camisa xadrez, com quem Barbie certamente se sentirá segura quando for acampar em plena natureza. Chega a noite e eu preciso ir dormir. Instalo Ken e sua amada lado a lado na cama deles, mas faz muito calor. Primeiro preciso tirar a roupa deles, assim ficarão mais à vontade nesse clima de verão. Barbie e Ken não têm pelos, nem sexo, nem mamilos, é estranho, mas suas perfeitas proporções compensam esse ligeiro defeito. Tiro a coberta de cima do corpo liso e brilhante dos bonecos. Deixo o teto aberto para a noite estrelada. Meu pai se levanta da cadeira, pronto para ir embora, pula o trailer perto do qual ainda estou ocupada guardando um cesto de piquenique em miniatura e se ajoelha para olhar embaixo do toldo. Um sorriso zombeteiro retorce seu rosto quando ele pronuncia as palavras obscenas: "Então, estão trepando?"

Meu rosto, minha testa e minhas mãos ficam rosa-choque. Certas pessoas nunca compreenderão nada sobre o amor.

Minha mãe trabalha numa pequena editora que ocupa o andar térreo do nosso prédio, situado a três ruas da escola. Quando não volto para casa com Asia, tomo lanche em um dos cantos fabulosos daquele refúgio, que transborda toda uma confusão de grampeadores, rolos de durex, resmas de papel, post-its, clipes, canetas de todas as cores, uma verdadeira caverna do Ali Babá. E além de tudo tem os livros, às centenas, amontoados às pressas em prateleiras prestes a desabar. Empacotados em caixas de papelão. Museificados nas vitrines. Fotografados e expostos nas paredes. Minha diversão é o reino dos livros.

No pátio interno, o ambiente é sempre alegre no fim do expediente, sobretudo quando os dias estão ensolarados. A zeladora sai da portaria com uma garrafa de champanhe na mão, são instaladas cadeiras e uma mesa de jardim, escritores e jornalistas perambulam sua ociosidade por ali até o anoitecer. Todo esse belo mundo é culto, brilhante, espirituoso e, muitas vezes, famoso. É um universo admirável, adornado de todas as qualidades. As profissões dos outros, dos pais dos meus amigos, dos vizinhos, me parecem, em comparação, chatas e rotineiras.

Um dia eu também vou escrever livros.

Depois da separação, só vejo meu pai de tempos em tempos. Geralmente ele marca um encontro comigo na hora do jantar, em restaurantes sempre muito caros, como um estabelecimento marroquino de decoração duvidosa em que uma mulher de formas curvilíneas em um traje excitante surge ao fim da refeição para fazer a dança do ventre a alguns centímetros de nós. Chega um momento que me saltam os olhos de vergonha: meu pai desliza sua nota de maior valor no elástico da calça ou do sutiã da bela Sherazade, com um olhar de orgulho e concupiscência. Para ele, pouco importa que eu tenha virado fumaça no momento em que estala o elástico da calça de paetê.

A dança do ventre é sinal, na melhor das hipóteses, de que ele compareceu ao encontro. Duas em cada três vezes, fico esperando, sentada na banqueta de um desses restaurantes de preços exorbitantes, que o cavalheiro se digne a aparecer. O garçom vem de vez em quando me avisar que o meu "papai telefonou, dizendo que só se atrasaria uma meia hora". Em seguida me traz um refresco, piscando para mim do fundo do salão. Uma hora depois, meu pai ainda não apareceu. Consternado, o garçom me serve uma terceira granadina, tentando me fazer sorrir, e sai resmungando: "Que triste! Fazer uma pobre menina esperar assim, às dez horas da noite!" Então é para mim que o garçom desliza uma nota, para eu pagar o táxi que me levará de volta para a casa da minha mãe, furiosa, evidentemente, pois meu pai esperou mais uma vez o último minuto para avisá-la de um lamentável contratempo.

Isso até o previsível dia em que, pressionado por uma nova companheira que também devia me achar um grande estorvo, ele acaba por não dar mais sinal de vida. Sem dúvida, é dessa época que eu alimento uma afeição especial pelos garçons de cafés, com os quais, desde a mais tenra idade, eu sempre me senti em família.

Algumas crianças passam os dias nas árvores. Eu passo os meus nos livros. Assim, afogo a dor inconsolável deixada pelo abandono de meu pai. A paixão ocupa todo o meu imaginário. Eu leio, cedo demais, os romances dos quais não compreendo muita coisa, a não ser que o amor dói. Por que desejamos ser devoradas tão precocemente?

Da sexualidade dos adultos, tenho, enfim, uma rápida percepção numa certa noite de inverno, por volta dos meus nove anos. Estamos de férias, eu e minha mãe, num hotelzinho familiar nas montanhas. Alguns amigos ocupam os quartos vizinhos. O nosso é constituído de um grande aposento em L, de modo que me instalaram numa cama sobressalente, atrás de uma fina divisória. Alguns dias depois, o amante da minha mãe se junta a nós, sem o conhecimento da sua mulher. É um belo homem, artista, que cheira a fumo de cachimbo, usa coletes e gravatas-borboleta, à moda do século passado. Ele não se interessa por mim. Sempre fica sem graça quando me encontra plantando bananeira em frente à televisão, nas quartas-feiras à tarde, hora em que se esquiva da atenção de seus funcionários para se encontrar com minha mãe, por uma hora ou duas, e se fecha com ela no quarto dos fundos. Aliás, um dia, ele solta a seguinte observação: "Sua filha não faz nada, você podia inscrevê-la em atividades em vez de deixá-la se embrutecer a tarde inteira na frente de idiotices!"

Desta vez, ele chegou inesperadamente no fim do dia. Eu já estou acostumada com suas irrupções intempestivas e isso não me incomoda mais, mas ele não é o tipo de homem que eu imagine sobre esquis. Depois do jantar, fui me deitar, deixando os adultos com suas conversas nebulosas. Como de hábito, li algumas páginas de um livro e caí no sono; extenuados, meus músculos ficam subitamente mais leves que flocos de neve flutuando, ondulando de novo nas pistas imaculadas, ao mesmo tempo que o sono me arrebata.

Sou acordada com suspiros, fricção de corpos e lençóis, em seguida cochichos, no meio dos quais reconheço a voz da minha mãe e, com pavor, as inflexões mais autoritárias do homem de bigode. "Vire-se" é o único fragmento de frase que meu ouvido, repentinamente aguçado, consegue distinguir.

Eu poderia tapar os ouvidos, mostrar, com algumas tossidinhas, que estou acordada. Mas fico petrificada todo o tempo que duram os jogos amorosos, tentando refrear o ritmo da minha respiração e rezando para que nenhum batimento do meu coração possa ser ouvido do outro lado do quarto, mergulhado numa penumbra inquietante.

No verão seguinte, passo as férias na Bretanha. A casa é de um colega de classe, que se tornará meu melhor amigo. Um pouco mais velha, a prima dele se junta a nós por alguns dias. Dormimos num típico quarto com beliches, cabanas e grutas secretas. Assim que os adultos saem do quarto depois do último beijo, assim que a porta se fecha, começam jogos inconfessáveis, se bem que ainda bem castos, em nossas tendas de velhos cobertores escoceses. Juntamos alguns acessórios que nos parecem altamente eróticos (plumas, pedaços de tecido como veludo e cetim arrancados de bonecas velhas, máscaras de Carnaval que cobrem os olhos, barbantes...) e, enquanto um de nós consente ser o prisioneiro, os outros dois se dedicam a acariciar a vítima impotente, geralmente mantida de olhos vendados e punhos amarrados, camisola erguida ou calça de pijama abaixada, com os diversos objetos, cuidadosamente guardados embaixo dos colchões durante o dia. Esses leves toques deliciosos nos extasiam e acontece de pousarmos furtivamente os lábios através de um filtro de tecido em um mamilo ou montículo imberbe.

De manhã não sentimos nenhum constrangimento: tendo a lembrança dessas volúpias noturnas se diluído no sono, brigamos do mesmo jeito e brincamos no campo com a mesma inocência. Depois de termos assistido ao filme *Brinquedo proibido* no Cineclube, fazer cemitérios de animais, como toupeiras, passarinhos e insetos, isso se tornou para nós uma atividade compulsiva. Eros e Tânatos, sempre.

Julien e eu, que estamos na mesma classe, prolongamos esses jogos por vários anos, na casa de um ou de outro. De dia, disputamos os cacarecos como irmão e irmã. À noite, na penumbra do quarto, nossos colchõezinhos no chão, há uma aproximação magnética, sortilégio que nos transforma em insaciáveis devassos.

Então inclinamos o corpo um na direção do outro, em busca de um prazer que nunca encontra satisfação, e essa busca é suficiente para recomeçar todas as vezes os mesmos gestos, às cegas, no começo infinitamente furtivos e desajeitados, depois, com o passar do tempo, cada vez mais precisos. Mais experientes na arte da contorção, quando se trata de inventar uma nova ginástica, nossa imaginação não tem limites. Nunca atingimos o paroxismo intuitivamente cobiçado, o conhecimento de nosso corpo continua ainda bem restrito, mas ficamos à beira desse prazer por longos minutos, observando no outro o efeito de cada carícia, com um desejo conturbado, cheio de terror de que algo mude, o que nunca acontece.

A volta ao colégio anuncia o fim da nossa despreocupação. Um líquido vermelho e viscoso começa a escorrer entre as minhas coxas. Minha mãe diz: "Pronto, você se tornou uma mulher". Depois que meu pai desapareceu dos radares, eu busco desesperadamente atrair o olhar dos homens. Tempo perdido. Eu sou sem graça. Não tenho o menor atrativo. Não sou como Asia, tão bonita que os meninos assobiam quando passamos.

Julien e eu festejamos nossos doze anos. Se, às vezes, à noite, antes de passarmos para jogos mais ousados, nos abraçamos langorosamente, essa cumplicidade nunca toma a forma de amor. Não há nenhuma ternura entre nós, nenhuma delicadeza de um para com o outro na nossa vida diurna. Nunca ficamos de mãos dadas, gesto bem mais intimidante do que todos os que fazemos à noite, no segredo de nossas alcovas aconchegantes. Somos tudo exceto "namorados", como dizem os pais.

No colégio, Julien começa a se afastar de mim. Às vezes nos encontramos na casa de um ou de outro depois de passar várias semanas nos ignorando. Julien me fala de alguma garota pela qual está apaixonado. Eu o escuto sem demonstrar desespero. Quanto a mim, acho que não agrado a ninguém. Alta demais, magra demais, com o cabelo sempre no rosto; um dia um menino chegou a me chamar de feia como um sapo em pleno recreio. Asia se mudou para longe de nossa casa. Como todas as meninas da minha idade, compro um caderninho e começo a fazer um diário. E, enquanto a adolescência arremessa em mim sua mão ingrata, só sinto uma solidão devorante.

Para completar, a pequena editora do térreo trancou as portas. Para conseguir pagar as contas, minha mãe corrige guias de viagem em casa, debruçada horas e horas sobre quilômetros e quilômetros de páginas. Precisamos economizar. Apagar as luzes, não desperdiçar. As festas se espaçam, os amigos vêm cada vez menos em casa tocar piano e cantar aos berros, minha mãe, tão bonita, se isola, bebe demais, se refugia durante horas diante da televisão, engorda, fica relaxada consigo mesma, está muito mal para ver que seu celibato é mais difícil de carregar para mim do que para ela.

Um pai que não paga pensão e que deixou na minha vida um vazio insondável. O gosto pronunciado pela leitura. Uma certa precocidade sexual. E, sobretudo, a imensa necessidade de ser admirada.

Todas as condições estão reunidas agora.

II

A presa

> **Consentimento:** *Acepção moral.* Ato livre do pensamento pelo qual nos comprometemos inteiramente a aceitar ou realizar alguma coisa. *Acepção jurídica.* Autorização de casamento dada pelos pais ou pelo tutor de um menor.
>
> — *Tesouro da língua francesa*

Certa noite minha mãe me arrasta para um jantar em que alguns convidados são personalidades do mundo literário. Inicialmente eu me recuso a ir. A companhia dos amigos dela passou a ser para mim tão penosa quanto a dos meus colegas de classe, dos quais eu me afasto cada vez mais. Aos treze anos, me torno francamente uma misantropa. Ela insiste, fica zangada, usa chantagem emocional, diz que eu preciso parar de ficar ruminando sozinha nos meus livros e depois pergunta o que os amigos dela me fizeram, por que não quero mais vê-los. Acabo cedendo.

Na mesa, ele está sentado num ângulo de quarenta e cinco graus. Uma presença evidente. É um belo homem, que não aparenta a idade, apesar da calvície completa e cuidadosamente mantida, que lhe dá uma aparência de bonzo. Seu olhar espreita meus menores gestos, e, quando finalmente ouso me virar na direção dele, ele me sorri, um sorriso que confundo desde o primeiro instante com um sorriso paternal, porque é um sorriso de homem e que, de pai, eu não tenho mais. Graças aos belos apartes, a citações sempre oportunas, o homem que compreendo rapidamente é escritor, sabe encantar o público e conhece na ponta da língua os códigos de um jantar mundano. Toda vez que ele abre a boca, os risos irrompem de todos os lados, mas é sempre em mim que o olhar dele se demora, brincalhão, intrigante. Nunca um homem havia me olhado dessa maneira.

Pego no ar o nome dele, cuja consoante eslava atiça imediatamente a minha curiosidade. Não passa de uma simples coincidência, mas devo o meu sobrenome e um quarto do meu sangue à Boêmia de Kafka, de quem acabo de ler, fascinada, *A metamorfose*; quanto aos romances de Dostoiévski, eles são, neste momento preciso da minha adolescência, o que eu acho de mais elevado na literatura. Um patronímico russo, um físico de monge budista emaciado, olhos de um azul sobrenatural, e não precisa de mais nada para captar minha atenção.

Por ocasião dos jantares para os quais minha mãe é convidada, geralmente eu me deixo embalar, meio adormecida, num aposento contíguo, pelo vozerio das conversas que ouço aparentemente distraída, embora, na realidade, esteja bem atenta. Nesta noite, trouxe um livro e me refugio, depois do prato principal, numa saleta que dá para a sala de jantar, onde agora são servidos os queijos (interminável sucessão de pratos, em intervalos não menos intermináveis). Dali, inclinada sobre as páginas agora ilegíveis, pois é impossível me concentrar, sinto a todo instante o olhar de G., sentado na outra ponta da sala, acariciar meu rosto. Sua voz ligeiramente chiante, nem masculina nem feminina, se insinua em mim como um encanto, um feitiço. Cada inflexão, cada palavra, parece se destinar a mim. Será que sou a única a perceber?

A presença desse homem é cósmica.

É chegada a hora de ir embora. O momento que temo ter sonhado, a emoção de me sentir desejada pela primeira vez, vai terminar em breve. Em alguns minutos, vamos nos despedir e nunca mais vou ouvir falar dele. Porém, no momento que estou vestindo meu mantô, percebo minha mãe em atitudes provocantes para com o sedutor G., que também parece se prestar ao jogo com naturalidade. Não posso acreditar. É claro, como pude imaginar que aquele homem se interessaria por mim, uma simples adolescente, feia como um sapo? G. e minha mãe ainda trocam algumas palavras, ela ri, lisonjeada pela atenção dele, e subitamente eu a ouço dizer:

— Venha, minha querida, vamos levar o Michel, depois o G., que não mora longe da gente, e em seguida voltamos para casa.

G. senta ao meu lado no carro, no banco de trás. Algo de magnético circula entre nós. O braço dele encostado no meu, seus olhos pousados em mim e o sorriso carnívoro de grande fera predadora. Qualquer palavra é supérflua.

O livro que eu havia levado e que lia na saleta era *Eugênia Grandet*, de Balzac, que se torna, graças a um jogo de palavras que permaneceu por muito tempo inconsciente, o título inaugural da comédia humana da qual eu me preparo para participar: "A ingênua grande".

Na semana seguinte a esse primeiro encontro, corro para uma livraria. Compro um livro de G. e me surpreendo que o livreiro me desaconselhe o exemplar que peguei ao acaso e me oriente outra escolha do mesmo autor. "Este aqui é mais conveniente", ele diz de maneira sibilina. Uma foto de G. em preto e branco pontua uma extensa fileira de fotos padronizadas dos escritores famosos da época, ao longo das paredes da livraria. Abro o livro na primeira página e, coincidência perturbadora (mais uma), a primeira frase — não a segunda, nem a terceira, mas exatamente a primeira, a mesma que inaugura o texto, o famoso *incipit* no qual tantas gerações de escritores se consomem — começa pela minha data de nascimento completa, dia, mês e ano: "Nesta quinta-feira, 16 de março de 1972, o relógio da Estação de Luxemburgo marcava meio-dia e meia..." Isso é um sinal! Ao mesmo tempo emocionada e impressionada, saio de lá com o precioso volume debaixo do braço, apertando-o contra o peito como se fosse um presente do destino.

Em dois dias devoro o romance que, sem ter nada de escandaloso — o livreiro o escolheu habilmente —, contém francas alusões ao fato de o narrador se mostrar mais permeável à beleza das jovens do que à das mulheres da sua idade. Devaneio diante do privilégio de ter encontrado um homem das letras tão talentoso e brilhante — na realidade é a lembrança do seu olhar sobre mim que me deslumbra — e, pouco a pouco, me transformo. Eu me observo no espelho e, agora, me acho bastante bonita. O sapo feio cujo reflexo me fazia fugir das vitrines das lojas se foi. Como não me sentir lisonjeada que um homem, que além do mais é um "homem das letras", tenha se dignado a pousar os olhos em mim? Desde a infância são os livros que para mim substituem irmãos e irmãs, companheiros de estrada, tutores e amigos. E por veneração cega ao "escritor" com um E maiúsculo, confundo, desde então, o homem com seu status de artista.

Todos os dias sou eu quem sobe com a correspondência da nossa casa. A zeladora me entrega quando eu volto do colégio. Entre os diversos envelopes comerciais, vejo meu nome e endereço escritos com tinta azul-turquesa, em uma letra primorosa, ligeiramente inclinada para a esquerda numa ascendência, como se os parágrafos quisessem levantar voo. Atrás estão escritos com a mesma tinta azulada o nome e o sobrenome de G.

Nessas cartas há muito de uma untuosidade perfeita, desfiando uma ladainha de elogios a meu respeito. Detalhe digno de nota: G. se dirige a mim como "senhorita", como se eu fosse uma pessoa importante. É a primeira vez que alguém dos meus relacionamentos, com exceção dos professores do colégio, usa esse tratamento para falar comigo, fato que envaidece instantaneamente o meu ego, ao mesmo tempo que me põe, logo de cara, em pé de igualdade com ele. De início, não ouso responder. Mas G. não é um homem que se desencoraje por tão pouco. Às vezes ele me escreve duas vezes por dia. Começo a passar na portaria de manhã e de tarde, temendo que minha mãe encontre uma dessas cartas que guardo permanentemente dentro de mim, amando-as em segredo e me abstendo de falar sobre elas com quem quer que seja. Depois, impelida por tantos pedidos, acabo me enchendo de coragem. Escrevo uma resposta arisca e puritana, mesmo assim uma resposta. Acabo de fazer catorze anos. Em breve ele terá cinquenta. E então?

Assim que mordo a isca, G. não perde um minuto. Ele fica à espreita na rua, esquadrinha meu bairro, tenta provocar um encontro inesperado, que não tarda a acontecer. Trocamos algumas palavras e saio transida de amor. Eu me habituo com a possibilidade de dar de cara com ele a qualquer momento, ainda que sua presença invisível me acompanhe na ida e na volta do colégio, ao fazer compras no mercado, passeando com meus colegas. Um dia, ele marca um encontro por carta. O telefone é bem mais perigoso, escreve ele, pois minha mãe poderia estar por perto.

Em Saint-Michel, ele me pede para encontrá-lo no ponto de ônibus da linha 27. Chego na hora. Febril com o sentimento de estar cometendo uma imensa transgressão. Imagino que vamos tomar um café em algum lugar no bairro. Bater um papo, nos conhecer. Assim que ele chega, diz que tinha pensado em me convidar para tomar um "lanche" na casa dele. Tinha comprado uns doces deliciosos numa delicatéssen caríssima, cujo nome cita com gulodice. Só para mim. Como quem não quer nada, ele atravessa a rua falando, eu o sigo maquinalmente, atordoada por suas palavras, e, quando dou por mim, estou no ponto da mesma linha, no sentido inverso. O ônibus chega, G. me convida a subir, me diz sorrindo para eu não ter medo, com um tom de voz tranquilizador. "Não vai acontecer nada de mal!" Minha hesitação parece decepcioná-lo. Não estava preparada para isso. Pega de surpresa e incapaz de reagir, não quero parecer idiota. Nem uma menina que não conhece nada da vida. "A senhorita não deveria escutar todos os horrores que falam sobre mim. Vamos, suba!" No entanto, minha hesitação não tem nada a ver com o menor comentário do meu círculo de amizades. Ninguém nunca me *contou* nenhum *horror* sobre ele porque eu não falei com ninguém sobre o nosso encontro.

O ônibus segue a toda velocidade. Enquanto passamos pelo Bulevar Saint-Michel e pelo Jardim de Luxemburgo, G. me sorri, embevecido, e me lança olhares cúmplices e enamorados, acalentando-me com o olhar. O dia está bonito. Apenas duas paradas e chegamos à porta da casa dele. Isso também eu não havia previsto. Poderíamos andar um pouco, não?

A escada é estreita, não tem elevador, é preciso subir até o sexto andar. "Eu moro no sótão, um quarto de empregada.

Sem dúvida você imaginava que os escritores são homens muito ricos. No entanto, como vê, não é bem assim; a literatura mal sustenta o seu criador. Mas eu estou muito feliz aqui. Vivo como um estudante e isso me convém perfeitamente. O luxo e o conforto raramente combinam com a inspiração..."

O espaço é muito apertado para subirmos os seis andares lado a lado. Por fora, demonstro uma calma assustadora, mas, dentro do peito, meu coração bate acelerado.

Ele certamente percebe que não me sinto à vontade, pois passa na minha frente para eu não ter a sensação de me sentir encurralada e acreditar que é possível dar meia-volta e ir embora. Vou sair correndo, penso por um instante, mas continuo a subir. G. fala comigo entusiasmado, como um rapaz radiante que convida pela primeira vez ao seu estúdio uma menina com quem encontrou dez minutos atrás. Seu andar é leve, atlético, nenhuma vez ele parece ofegante. Uma condição física de esportista.

A porta se abre para um lugar bagunçado, com uma cozinha bem espartana na extremidade, tão exígua que não cabe mais que uma cadeira. É possível preparar um chá, mas duvido de que tenha uma frigideira para se cozinhar um ovo. "É aqui que eu escrevo", ele declara em um tom solene. E, de fato, em uma mesa minúscula, espremida entre a pia e a geladeira, reinam uma pilha de folhas brancas e uma máquina de escrever. O quarto cheira a incenso e poeira. Um raio de luz penetra pela janela, iluminando uma miniatura budista de bronze sobre uma mesinha faltando um pé e que uma montanha de livros mantém firme. Desolado, um elefante levantando a tromba, lembrança clara de uma viagem à Índia, está perdido entre o limite do assoalho e um tapetinho persa. Babuches tunisianas, livros, mais livros, dezenas de pilhas de livros de todas as alturas, cores, espessuras, larguras, juncam o chão... G. me convida a sentar. Um único lugar permite sentar a dois no cômodo: a cama.

Sentada numa postura hierática, os pés cravados no chão, a palma da mão apoiada nos joelhos apertados, as costas tensas, procuro com o olhar um sinal que me esclareça a razão da minha presença neste lugar. Depois de alguns minutos meus batimentos cardíacos aceleram ainda mais, a menos que o tempo tenha mudado o próprio ritmo. Eu poderia muito bem me levantar e ir embora. G. não me dá medo. Ele nunca me forçaria a ficar contra minha vontade, tenho certeza disso. Pressinto uma inevitável mudança na situação e, no entanto, não me levanto, não falo nada. G. se movimenta como num sonho, não o vejo se aproximar, e de repente ele está aqui, sentado perto de mim, os braços enlaçando meus ombros trêmulos.

Nessa primeira tarde na casa dele, G. se mostra de uma delicadeza primorosa. Ele me beija longamente, acaricia meus ombros e desliza a mão por baixo do meu suéter, sem nunca me pedir que o tire, o que, no entanto, acabo fazendo. Dois adolescentes flertando no banco de trás de um carro. Embora enlanguescida, estou paralisada, incapaz do menor gesto, da menor audácia; eu me concentro em seus lábios, em sua boca, segurando com a ponta dos dedos o rosto inclinado para mim. O tempo passa e é com as faces em fogo, os lábios e o coração inchados de uma alegria inédita que volto para casa.

— Você está dizendo bobagens!

— Não, eu juro, é verdade. Olhe, ele me escreveu um poema.

Minha mãe pega a folha que eu lhe estendo e faz uma careta de desagrado e incredulidade. Um ar espantado que aponta um traço de ciúme. Afinal, quando ela propusera levar o escritor em casa naquele dia, e que ele aceitara com tanta suavidade na voz, ela imaginou que ele não era insensível aos seus encantos. E então ela descobre, com uma violência extraordinária, que eu me tornei cedo demais uma rival, sentimento que inicialmente a cega. Depois ela se recupera e me joga na cara essa palavra que eu nunca acreditaria que poderia estar associada a G.:

— Você não sabe que ele é um pedófilo?

— Um o quê? Foi por isso que você se ofereceu para levá-lo em casa, deixando sua filha com ele no banco de trás do carro? E, além do mais, o que isso quer dizer? Que bobagem, eu não sou mais uma garotinha de oito anos!

Sem hesitar, ela ameaça me mandar para o colégio interno. Os gritos espocam sob o telhado. Como ela pode querer me privar desse amor, o primeiro, o último, o único? Será que ela pensa que, depois de ter tirado meu pai de mim (porque, claro, tudo passou a ser culpa dela), eu a deixaria fazer isso de novo? Eu jamais aceitaria me separar dele. Prefiro morrer.

Novamente as cartas se sucedem, mais apaixonadas do que nunca. G. me declara seu amor de todas as formas, me suplica para vê-lo de novo, diz que é impossível viver sem mim, que não vale a pena viver nem um minuto mais se não for em meus braços. De um dia para o outro, eu me transformo em **uma deusa.**

No sábado seguinte, digo à minha mãe que vou estudar na casa de um colega de classe e toco a campainha na porta de G. Como resistir àquele sorriso carnívoro, a seus olhos risonhos, às mãos longas e finas como as de um aristocrata?

Alguns minutos depois, estou estendida na cama dele, completamente perplexa com o inusitado da situação. Não é mais o corpo imberbe e franzino de Julien contra o meu, a pele aveludada de adolescente, o odor acre de sua transpiração. É o corpo de um homem. Poderoso e áspero, fresco e perfumado.

Nosso primeiro encontro havia sido consagrado à parte de cima do meu corpo. Desta vez, intrépido, ele começa a se aventurar por regiões mais íntimas. E para isso é preciso se desvencilhar de minhas roupas, gesto que ele executa com manifesto deleite — tirar meu jeans, minha calcinha de algodão (eu não tenho roupas de baixo femininas dignas desse nome, e nada pode agradar mais a G., disso só tenho uma consciência bastante confusa).

Com uma voz carinhosa, ele se vangloria de sua experiência, de sua habilidade com a qual sempre consegue tirar a virgindade de meninas bem novas sem nunca fazê-las sofrer, chegando a afirmar que elas guardam por toda a vida uma lembrança emocionada disso, sortudas por terem se encontrado com ele e não com outra pessoa, um desses caras brutos, sem o menor tato, que as teriam pregado no colchão sem nenhuma consideração, associando a esse momento único um gosto de desilusão eterna.

Salvo que, no meu caso, é impossível abrir uma passagem. Minhas coxas se apertam num movimento reflexo incontrolável. Grito de dor antes mesmo de ele me tocar. No entanto, eu só sonho com uma coisa. Em um misto de sentimentos presunçosos e piegas, aceito intimamente este horizonte inevitável: G. será meu primeiro amante. E, se estou deitada em sua cama, é por esse motivo. Então, por que meu corpo se recusa? Por que esse medo irreprimível? G. não se desencoraja. Sua voz me sussurra palavras reconfortantes.

— Não tem problema. Enquanto esperamos podemos fazer de outro jeito, você sabe.

Assim como devemos nos benzer com água-benta antes de atravessar o umbral de uma igreja, possuir o corpo e a alma de uma jovem não se faz sem um certo sentido do sagrado, quer dizer, sem um ritual imutável. Uma sodomia tem suas regras, é preparada com dedicação, religiosamente.

G. me vira no colchão, começa a lamber cada parte do meu corpo, de alto a baixo: nuca, ombros, costas, quadris, nádegas. Alguma coisa como minha presença no mundo se apaga. E, enquanto sua língua voraz se insinua em mim, meu espírito levanta voo.

É assim que perco uma primeira parte da minha virgindade. *Como um menino*, ele sussurra para mim.

Estou apaixonada, me sinto amada, como jamais fui. E isso basta para apagar toda aspereza, para suspender qualquer julgamento sobre nossa relação.

No começo, depois de passar um tempo na cama de G., fico especialmente emocionada por duas coisas: vê-lo urinar em pé e se barbear. Como se esses gestos entrassem pela primeira vez em um universo há muito reduzido aos rituais femininos.

O que descubro nos braços de G., esse aspecto da sexualidade adulta até então impenetrável, é para mim um novo território. Eu exploro esse corpo de homem com o empenho de uma discípula privilegiada, assimilo com gratidão seus ensinamentos e me concentro nos exercícios práticos. Sinto que fui eleita.

G. me confessa que, de fato, até então ele havia levado uma vida libertina, comprovada por alguns de seus livros. De joelhos, com os olhos embaçados de lágrimas, ele me promete romper com suas amantes, murmura que nunca havia sido tão feliz em toda a vida, que o nosso encontro é um *milagre*, um verdadeiro presente dos deuses.

No início G. me leva aos museus, às vezes ao teatro, me dá discos, me aconselha leituras. Quantas horas passamos juntos contornando as alamedas do Jardim de Luxemburgo, de mãos dadas, passeando nas ruas de Paris, indiferentes aos olhares intrigados, desconfiados, desaprovadores, às vezes abertamente rancorosos, dos passantes que cruzam nosso caminho?

Não me lembro de meus pais terem ido me buscar na escola quando eu tinha a idade de esperar por eles com essa deliciosa inquietude, diante da porta prestes a se abrir, de que aparecesse o rosto adorado de um ou de outro. Minha mãe sempre trabalhava até tarde. Eu voltava para casa sozinha da escola. Meu pai nem sabia o nome da rua onde eu estudava.

Agora, quase todos os dias, G. está postado em frente à saída do meu colégio. Não totalmente em frente, mas a alguns metros, na pracinha no fim da rua, de modo que percebo imediatamente, atrás de uma horda de adolescentes alvoroçados, sua silhueta longilínea, vestida na primavera com o mesmo casaco de manga curta em estilo colonial, no inverno com um casacão que lembra o dos militares russos da Segunda Guerra Mundial, longo e coberto de botões dourados. Tanto no verão quanto no inverno, ele usa óculos escuros supostamente para proteger seu anonimato.

Nosso amor é proibido. Reprovado pelas pessoas de bem. Eu sei, pois ele vive repetindo isso para mim. Portanto não posso contar para ninguém. É preciso tomar cuidado. Mas por quê? Por que, se eu o amo e ele também me ama?

E os óculos realmente não chamam atenção?

Depois de cada sessão amorosa em que G. parece se alimentar do meu corpo como um esfomeado, quando estamos os dois na calma do seu estúdio, cercados por centenas de livros a ponto de dar vertigem, ele me embala nos braços como um bebê, a mão nos meus cabelos desgrenhados, me chama de "minha criança querida", "minha bela colegial" e me conta docemente a longa história dos seus amores ilegítimos nascidos entre uma menina e um homem de idade madura.

Agora tenho um professor particular inteiramente devotado à minha educação. A extensão de sua cultura é fascinante, minha admiração por ele se tornou dez vezes maior, ainda que as aulas que recebo ao sair do colégio sejam sempre bem direcionadas.

— Sabia que na Antiguidade a iniciação sexual de jovens por adultos era não apenas encorajada, mas considerada um dever? No século XIX, a pequena Virgínia tinha apenas treze anos quando Edgar Allan Poe se casou com ela. Você já ouviu falar sobre isso? Quando penso em todos esses pais de pensamento tradicional que leem *Alice no país das maravilhas* para seus filhos antes de pô-los para dormir, sem ter a mínima ideia de quem era Lewis Carroll, tenho vontade de gritar de tanto rir. Ele tinha paixão por fotografia e fez compulsivamente centenas de fotos de meninas, entre elas a da verdadeira Alice, que o inspirou a escrever a personagem principal da sua obra-prima, o amor da sua vida. Você já as viu?

Como o livro ilustrado reina em uma das prateleiras, ele também me mostra as fotos eróticas que Irina Ionesco tirou da filha Eva, quando a menina tinha apenas oito anos, com as pernas abertas, as meias pretas até o alto das coxas como única roupa, o formoso rosto de boneca maquiado como o de uma prostituta. (Ele omite que depois a guarda de Eva foi retirada da mãe, quando a menina tinha treze anos e foi deixada sob os cuidados da DDAS*.)

Uma outra vez, ele pragueja contra os americanos que, sufocados pela frustração sexual, perseguiram o pobre Roman Polanski para impedi-lo de fazer seus filmes.

— São esses puritanos que confundem tudo. A menina que diz ter sido violentada se deixou ser manipulada por invejosos. Ela consentiu, isso é inquestionável. E David Hamilton, você acha que essas modelos se ofereceram para a câmera dele sem ter outra coisa na cabeça? Realmente é preciso ser muito ingênuo para acreditar nisso...

A litania é sem fim. Diante de tantos exemplos esclarecedores, como não se render? Uma menina de catorze anos tem o direito e a liberdade de amar quem quiser. Eu aprendi bem a lição. Além do mais, minha vida havia se transformado na vida de uma musa.

---

* Sigla em francês para Direção Departamental de Negócios Sanitários e Sociais. (N. da T.)

No começo, as circunstâncias estavam longe de agradar à minha mãe. Passados o choque e a surpresa, ela consulta amigos, se aconselha. É preciso acreditar que ninguém se mostra particularmente preocupado. Pouco a pouco, diante da minha determinação, ela acaba por aceitar os fatos como eles se apresentam. Talvez ela acredite que sou mais forte, mais madura do que realmente sou. Talvez ela esteja muito sozinha para reagir de outra maneira. Talvez precise de um homem ao seu lado, um pai para a sua filha, que se erga contra essa anomalia, essa aberração, essa... coisa. Alguém que assuma o controle da situação.

Seria preciso também um meio cultural e uma época menos complacentes.

Dez anos antes do meu encontro com G., por volta dos anos 70, um grande número de jornais e de intelectuais de esquerda tomou publicamente a defesa de adultos acusados de terem relações "culpadas" com adolescentes. Em 1977, uma carta aberta em favor da descriminalização das relações sexuais entre menores e adultos, intitulada "A respeito de um processo", foi publicada no *Le Monde*, assinada e apoiada por eminentes intelectuais, psicanalistas e filósofos de renome, escritores no alto de sua glória, a maioria de esquerda. Entre outros, encontramos os nomes de Roland Barthes, Gilles Deleuze, Simone de Beauvoir, Jean-Paul Sartre, André Glucksmann, Louis Aragon... Esse texto se manifesta contra a prisão de três homens que aguardam o processo por terem tido (e fotografado) relações sexuais com menores de treze e catorze anos. "Uma prisão preventiva tão longa para a instrução de um simples caso de 'costumes', no qual as crianças não foram vítimas de nenhuma violência, mas, ao contrário, afirmaram aos juízes de instrução que eram aquiescentes (embora a justiça lhes negue hoje qualquer direito ao consentimento), nos parece escandalosa", podemos ler particularmente.

A petição é assinada também por G. M. Foi preciso esperar 2013 para que ele revelasse ter sido o iniciador (e também o redator) e, na época, ter recebido muito poucas recusas por ocasião da busca de assinaturas (entre elas, as de Marguerite Duras, Hélène Cixous e... Michel Foucault, que não foi o último a denunciar todas as formas de repressão). No mesmo ano, outra petição foi publicada no *Le Monde*, com o título "Apelo para a revisão do código penal a propósito das relações menores-adultos", agrupando mais sufrágios ainda (aos nomes precedentes se juntam os de Françoise Dolto, Louis Althusser, Jacques Derrida, só para citar alguns, mas a carta aberta reuniu oitenta signatários, que estavam entre as personalidades intelectuais mais em evidência no momento). Outra petição surgiu no *Libération*, em 1979, em apoio a um certo Gérard R., acusado de viver com menininhas de seis a doze anos, também assinada por importantes personalidades do mundo literário.

Trinta anos depois, todos os jornais que aceitaram transmitir esses debates mais do que discutíveis publicarão um *mea culpa*. "A mídia é apenas o reflexo da sua época", pleitearam eles.

Por que todos esses intelectuais de esquerda defenderam com tanto ardor posturas que hoje parecem tão chocantes? Sobretudo a flexibilização do código penal relativo às relações sexuais entre adultos e menores, assim como a abolição da maturidade sexual?

O problema é que, nos anos 70, em nome da liberação dos costumes e da revolução sexual, era defendido o orgasmo de *todos* os corpos. Impedir a sexualidade juvenil era sinônimo de opressão social, e a separação arbitrária da sexualidade entre indivíduos da mesma faixa etária constituía uma forma de segregação. Lutar contra o aprisionamento dos desejos, contra todas as repressões, essa era a palavra de ordem desse período, sem que ninguém visse algo a criticar, a não ser os beatos e alguns tribunais reacionários.

Um desvio e uma cegueira da qual todos os signatários dessas petições se desculparão mais tarde.

No decurso dos anos 80, o meio no qual eu cresci ainda é marcado por essa visão de mundo. Quando era adolescente, minha mãe me contou que o corpo e os desejos carnais ainda eram tabus, e os pais dela nunca lhe falaram sobre sexualidade. Ela tinha exatamente dezoito anos em 68, quando se liberou pela primeira vez de uma educação muito rígida, e depois da opressão de um marido insuportável, com quem havia se casado muito jovem. Como as heroínas dos filmes de Godard ou Sautet, agora o que ela mais deseja é *viver a própria vida*. "É proibido proibir" sem dúvida passou a ser um mantra para ela. Não se escapa tão facilmente dos costumes da época.

Nesse contexto, minha mãe acabou se acomodando à presença de G. na nossa vida. Dar-nos sua absolvição é loucura. Creio que, no fundo, ela sabe. Será que ela também sabe que isso corria o risco de lhe ser duramente reprovado um dia, principalmente pela própria filha? Minha obstinação é tão forte que minha mãe não pode se opor a ela? O que quer que seja, a sua intervenção se limita a fazer um pacto com G. Ele deve jurar que nunca vai me fazer sofrer. Foi ele quem me contou isso um dia. Eu imagino a cena, olhos nos olhos, solene. Diga: "Eu juro!"

Às vezes, ela o convida para jantar no nosso pequeno apartamento do sótão. À mesa, em volta de um pernil de carneiro com vagem, os três quase parecem uma pequena família: papai e mamãe enfim reunidos, comigo no meio, radiante, a Santíssima Trindade junta de novo.

Por mais chocante e esdrúxulo que possa parecer essa ideia, G. também é para ela, inconscientemente, o substituto paterno ideal, o pai que ela não soube me dar.

Além do mais, essa situação extravagante não a desagrada por completo. É até algo valorizado. No nosso meio boêmio de artistas e intelectuais, os distanciamentos da moral são recebidos com tolerância, até com certa admiração. E G. é um escritor famoso, o que no fim das contas é lisonjeiro.

Em qualquer outro meio, no qual artistas não exercem o mesmo fascínio, sem dúvida as coisas teriam se passado de maneira diferente. O cavalheiro teria sido ameaçado de ser mandado para a prisão. A menina faria terapia com um psicólogo, talvez evocasse a lembrança recalcada de um elástico que estala acima de uma perna marrom-dourada de mulher num cenário oriental, e o caso teria sido resolvido. Ponto-final.

— Seus avós não devem saber nunca, querida. Eles não compreenderiam — minha mãe certo dia insinua para mim, no meio de uma conversa.

A dor, sorrateira, aparece uma noite, na articulação do pulso esquerdo. Penso em algum golpe recebido nesse lugar da mão, procuro alguma atividade manual intensa que eu pudesse ter praticado durante o dia, mas nada me vem à mente. Duas horas depois, a inflamação se transforma numa queimação quase insuportável, que se irradia para todas as articulações dos dedos. Como uma área tão pequena do corpo pode doer tanto? Preocupada, minha mãe chama o SOS Médicos.* Eles tiram o meu sangue e a análise revela uma taxa de glóbulos brancos anormalmente alta. Vou para o pronto-socorro. Durante o tempo que levamos para chegar ao hospital, a dor se estende para as articulações dos outros membros. Quando encontram um leito para mim, já não posso mais me mexer. Estou paralisada. Um médico diagnostica reumatismo articular agudo, decorrente de uma infecção por estreptococo.

Preciso ficar hospitalizada por algumas semanas que, na minha memória, me pareceram intermináveis, mas a doença tende a distorcer a percepção do tempo.

---
* Na França, serviço médico de urgência em domicílio. (N. da T.)

Durante essa estada, três visitas inopinadas me deixam uma lembrança respectivamente alegre, constrangedora e devastadora.

A primeira ocorre apenas alguns dias após a minha hospitalização. Minha mãe (a não ser que fosse uma de suas amigas, motivada pelas melhores intenções) despacha para perto de mim um psicanalista cheio de compaixão desde o primeiro olhar que ele me dirige ao entrar no quarto. Eu já havia cruzado com ele duas ou três vezes, num dos jantares já mencionados.

— V., estou aqui para conversar um pouco, acho que isso pode fazer bem para você.

— O que quer dizer com isso?

— Acho que sua doença é reflexo de outra coisa. De uma enfermidade mais profunda, entende? Como estão as coisas no colégio? Você se sente bem lá?

— Não, é um inferno, eu quase nunca vou à escola e mato todas as aulas que não gosto, e isso deixa a minha mãe possessa. Eu imito a assinatura dela para fazer falsos bilhetes de desculpas e fico fumando no café durante horas. Uma vez cheguei até a inventar o enterro do meu avô, mas isso ela não digeriu muito bem! Preciso reconhecer que eu exagerei, não é?

— Essa doença está... talvez... ligada à sua situação atual.

Pronto, é isso, eles tiram as luvas e mostram as garras. O que ele está pensando? Que foi o G. quem me passou essa bactéria?

— Que situação? Do que você está falando?

— Podemos começar pelo que você sentia antes de ficar doente. Quer tentar falar comigo? Você é inteligente o bastante para saber que falar ajuda a melhorar, não? O que você acha?

Evidentemente, assim que começo a sentir um interesse sincero por mim mesma e, mais importante, por um representante do sexo masculino, minhas defesas desabam.

— Tudo bem.

— Por que você vai tão pouco à escola? Acha que é só por causa das matérias chatas? Eu acho que é por outra coisa.

— Eu tenho... hum... como posso dizer, *medo* das pessoas. É ridículo, não é?

— De jeito nenhum. Muitas pessoas são como você; têm crises de angústia ou de pânico em certas situações. A escola, as aulas, podem provocar muita ansiedade, sobretudo diante das circunstâncias. E essas dores, onde se manifestam agora?

— No joelho, é realmente horrível como queimam por dentro.

— É, foi isso que a sua mãe me disse. É interessante. Muito interessante...

— Ah, os joelhos são interessantes?

— O que você consegue perceber na palavra "joelhos", hein? Se você de-com-pu-ser a palavra *genoux*, do francês, em que *ge (je)* quer dizer "eu", e *noux (nous)* quer dizer "nós", e sendo o seu um problema de "reumatismo articular", portanto... Concorda comigo que você tem um problema de "articulação" entre o "eu" e o "nós", não é?

Com essas palavras, o rosto do psicanalista é atravessado por uma expressão de satisfação intensa, de pura beatitude, eu poderia dizer. Até então, os meus joelhos só haviam provocado esse efeito em G. Fico sem voz.

— Às vezes, quando os sofrimentos psíquicos permanecem em silêncio, eles se expressam através do corpo, provocando dores físicas. Reflita um pouco sobre tudo isso. Não vou cansá-la mais. Além de tudo, você tem que repousar. Hoje vamos ficar por aqui.

Exceto uma vaga alusão no início da nossa conversa, o psicanalista não diz uma palavra sobre minha relação com G. Eu, que pensava que ele só era um pai-moral, como G. gosta de chamar aqueles que com um olhar nos jogam na cara a sua desaprovação... Então eu lhe digo rispidamente, como uma provocação:

— E você não tem mais nada para me dizer sobre a minha *situação*?

Desta vez com tom mordaz, ele responde:

— Eu posso até acrescentar alguma coisa, mas não vai te agradar: os reumatismos não são doenças próprias da sua idade.

Alguns dias depois, o amante da minha mãe também surge sem avisar. O bigodudo das elegantes gravatas-borboleta até então nunca havia me dado nenhum sinal particular de afeição. E agora, lá está ele, sozinho, mostrando no rosto um ar sério e desolado. O que ele quer de mim? Será que estou à beira da morte — e me esconderam — para despertar tanta comiseração? Ele se instala a seu bel-prazer numa cadeira à direita da minha cama e, num gesto de ternura que eu não conhecia nele, pega a minha mão, uma grossa mão grande e tépida, ligeiramente úmida.

— Como você se sente, minha V.?

— Bem, vou indo, depende do dia...

— Sim, sua mãe me disse que você sente muita dor. Você é corajosa. Mas aqui é um hospital para crianças doentes, vão te tratar como se deve, é um dos melhores!

— É muito gentil você ter vindo. (Na realidade eu não tenho a menor ideia do que ele está fazendo aqui.)

— É normal. Eu sei que monopolizei bastante a sua mãe nesses últimos anos, e você naturalmente não deve me ver como amigo. Então... como vou dizer, eu gostaria... enfim, como o seu pai desapareceu totalmente, eu me sinto um pouco culpado de não ter me envolvido mais na sua vida. Gostaria de desempenhar um papel nela, mas não sei como agir.

Eu sorrio, um pouco estarrecida. No fundo, eu o acho comovente. Por fim, ele solta a minha mão e, varrendo com um olhar desatinado as paredes brancas do quarto, busca a inspiração que lhe falta para continuar seu monólogo. Até achar uma ajuda inesperada na capa de um livro, colocado sobre minha mesa de cabeceira.

— Você gosta de Proust? Isso é formidável! Sabia que é meu autor preferido?

G. me deu o primeiro volume de *Em busca do tempo perdido*. "Não há nada melhor do que a doença para compreender a obra desse pobre Marcel", ele me explicou. Ele escrevia deitado em seu leito de morte, entre dois acessos de tosse...

— Eu só comecei... sim, eu gosto muito. Bom, as duquesas e tudo o mais não gosto tanto, mas o que ele escreve sobre a paixão me comove profundamente.

— Sim! A paixão! É isso! Bom, justamente, eu também queria dizer... com a sua mãe... não é mais como antes. Acho que vamos nos separar.

— Ah, bom, por quê? Vocês estavam juntos? Primeira novidade!

— Sim, enfim, você sabe o que eu quero dizer... Mas eu gostaria que continuássemos amigos, você e eu. Poderíamos almoçar de vez em quando.

Em seguida ele consulta o relógio (de bolso) e decreta que, infelizmente, tem de ir embora. Ele se levanta e, quando vai me beijar, num movimento incontrolado, a cabeça dele se desvia e sua enorme boca purpurina de bigode áspero se esmaga sobre meus lábios. Vermelho como um pimentão, ele se ergue, não sabendo onde enfiar a cara, e desaparece como se um fantasma o houvesse expulsado.

"Os atos falhos só comprometem aqueles que os fazem", diria meu novo amigo psicanalista.

Como saber se esse gesto foi involuntário? A proposta do amante da minha mãe a princípio me pareceu honesta, mas, com esse beijo em forma de deslize, ele joga a suspeita sobre seus verdadeiros motivos.

Dois dias depois, é outra visita inesperada que mais uma vez me pega de surpresa. Decididamente é impossível ficar tranquila neste hospital, as pessoas entram aqui sem a menor cerimônia. Um rosto que eu tentava esquecer havia três anos surge no batente da porta do meu quarto. Sempre irônico, impossível de me deixar indiferente: o rosto do meu pai. As dores articulares me impediram de dormir durante uma parte da noite. Estou tensa e exausta. O que ele está pensando? Que é só aparecer de novo para eu esquecer tudo, num passe de mágica? O silêncio dele nos últimos anos, as horas de choro passadas ao telefone, tentando falar com ele enquanto sua nova mulher ou sua secretária me repetem que ele não está disponível, está muito ocupado, viajando ou sei lá mais o quê?

Não, na verdade nosso rompimento está consumado, não tenho mais nada a dizer para ele.

— O que você está fazendo aqui? De repente lembrou que tem filha?

— A sua mãe me ligou porque está preocupada com você. Parece que você está sofrendo muito e que não sabem como você pegou essa bactéria. Achei que ficaria contente em me ver.

Se não estivesse paralisada, eu o poria para fora daqui à força.

— O que você tem com isso, que eu esteja doente?

— Achei que você ia gostar da minha visita, só isso. De qualquer forma, sou o seu pai.

— Não preciso mais de você, ouviu?

As palavras saem contra a minha vontade.

Em seguida, arrebatada pelo entusiasmo, digo:

— Eu encontrei alguém.

— Você encontrou alguém. O que isso quer dizer? Que está apaixonada?

— Exatamente! Quer dizer que você pode ir embora e seguir tranquilo com a sua vidinha, porque agora eu tenho alguém que cuida de mim!

— Ah, é? E você não se acha um pouco nova para ter um relacionamento amoroso? Você só tem catorze anos! Quem é o cara?

— Ah, agora você vai desmaiar, porque esse cara é um escritor, ele é genial, e o mais incrível é que me ama. Ele se chama G. M. Isso lhe diz alguma coisa?

— O quê? aquele canalha? Você está brincando?

Meu pai foi atingido em cheio. Exibo meu sorriso mais satisfeito. Mas a reação é cataclísmica. Tomado por uma raiva incontrolável, ele pega uma cadeira de metal e a joga na parede. Com as costas da mão, varre alguns utensílios médicos pousados numa mesa auxiliar e começa a vociferar, descarregando uma salva de injúrias, me chamando de putinha, de piranha, grita que não o surpreende que eu tenha me tornado assim com a mãe que tenho, que é impossível confiar nela porque ela também é uma puta, cospe toda a sua repugnância em relação a G., esse monstro, esse traste, e jura que vai denunciá-lo para a polícia assim que sair dali.

Alertada pelo barulho, uma enfermeira entra no quarto e pede que ele se acalme ou que saia imediatamente.

Meu pai pega seu casaco (de caxemira) e desaparece no mesmo instante. As paredes ainda tremem por causa dos seus gritos. Fico prostrada, aparentemente em estado de choque, mas feliz com o resultado que consegui.

Se a minha declaração não é o que os psicanalistas chamam de "pedido de socorro", então não sei o que é. Mas nem preciso dizer que meu pai nunca apresentou uma queixa contra G. e que nunca mais ouvi falar dele. Ao contrário, essa revelação lhe fornece um álibi perfeito para sua incúria natural.

As semanas se alongam nesse maldito hospital em que G. me visita quase todos os dias sem que ninguém se choque. Felizmente acabam encontrando um remédio para minhas inflamações articulares, mas o episódio que precede a minha saída merece ser registrado.

Fui compelida a aproveitar que estou nesse excelente hospital pediátrico para fazer uma consulta ginecológica. O médico, um homem muito solícito, me interroga sobre a minha sexualidade e, em um surpreendente acesso de confiança (sempre sensível diante do charme de uma bela voz grave e um sinal de interesse sincero), confesso que tomo pílula há pouco tempo — porque encontrei um menino cheio de qualidades —, mas que sofro de uma total incapacidade de dar para ele, pânico de imaginar a dor da defloração (de fato, fazia semanas que todas as tentativas de G. para vencer minhas reticências haviam sido em vão. Isso não parecia incomodá-lo muito, pois meu traseiro lhe bastava totalmente). O médico ergueu uma sobrancelha, um pouco surpreso, depois declarou que eu parecia uma jovem muito adiantada para a minha idade e que estava disposto a me ajudar. Após me examinar, ele declara, alegre, que sou de fato "a encarnação da Virgem", pois ele nunca tinha visto um hímen tão intacto. Com dedicação, ele me propõe uma ligeira incisão com anestesia local que me permitirá, enfim, ter acesso aos prazeres do sexo.

Evidentemente, as informações não circulam muito bem entre os diferentes setores do hospital, e quero acreditar que esse médico não tem a mínima ideia do que está fazendo: ajudar o homem que comparece diariamente a minha cabeceira a desfrutar, sem nenhum entrave, de todos os orifícios do meu corpo.

Não sei se, nesse caso, se pode falar de violação médica ou de ato de barbárie. Mas o que quer que seja, é sob o efeito — hábil e indolor — de um bisturi de inox que eu me torno, enfim, mulher.

III

A dominação

> O que me cativa não é um sexo determinado, e sim a extrema juventude, a que se estende do décimo ao décimo sexto ano e que me parece ser — bem mais do que o que ouvimos normalmente por essa fórmula — o verdadeiro *terceiro sexo*.
>
> — G. M., *Les moins de seize ans*

Existem inúmeras maneiras de alegrar uma pessoa. No início, algumas delas parecem bem inocentes.

Um dia, G. resolve me ajudar a escrever uma redação. Como geralmente as minhas notas são boas, sobretudo em francês, não sinto necessidade de mencionar para ele o meu trabalho escolar. Contudo, teimoso como uma mula, e de bom humor nesta tarde, ele já abriu, sem minha anuência, o meu caderno de textos na página de amanhã.

— Me diga uma coisa, a sua redação, você já fez? Eu poderia te ajudar. Você está atrasada. Hum, hum, vamos ver: "Tema livre: conte uma de suas façanhas".

— Não, não se preocupe, já pensei nela. Vou fazer daqui a pouco.

— Mas por quê? Não quer que eu te dê uma ajudinha? Vai mais rápido, e, quanto mais rápido você tiver terminado, mais rápido...

A mão dele desliza embaixo da minha blusa e acaricia delicadamente meu seio esquerdo.

— Pare, você é mesmo obcecado!

— Ora, eu, imagine que realizei uma verdadeira façanha quando tinha a sua idade! Sabia que fui campeão de equitação? Exatamente! E um dia...

— Não me interessa! É a *minha* redação!

G. fecha a cara e se recosta nos travesseiros nos pés da cama.

— Tudo bem, como quiser. Vou ler um pouco, já que a *minha* adolescência não te interessa...

Contrita, eu me inclino para lhe dar um beijo de desculpa.

— É claro que a sua vida me interessa. Você sabe muito bem que tudo em você me interessa...

G. se endireita num pulo.

— Verdade, quer que eu te conte? E escrevemos juntos?

— Mas você é mesmo terrível! Parece criança! De qualquer forma, a minha professora vai perceber que não fui eu que escrevi a redação.

— Não, vamos pôr tudo no feminino e usar as suas palavras. Ela vai ficar encantada.

Então, inclinada sobre a folha dupla de grandes quadrados azuis atravessada por um fino risco vermelho, começo a escrever o que G. dita, com minha letra elegante e aplicada, estudiosa como sempre, a história de uma jovem que conseguiu, num percurso extremamente perigoso, saltar dez obstáculos em poucos minutos sem derrubar nem tocar nenhuma barra, altiva em sua montaria de competição, aclamada por uma multidão de espectadores transidos diante de sua destreza, elegância e precisão de movimentos. No processo, descubro jargões desconhecidos, cujo sentido preciso lhe perguntar, já que só montei a cavalo uma única vez na vida e fui parar no médico, coberta de machucados, tossindo e chorando por causa do edema que fizera meu rosto vermelho como um pimentão dobrar de volume.

No dia seguinte, entrego, envergonhada, a redação para a professora de francês. Na próxima semana, ao devolver os trabalhos, ela exclama (crédula ou não, nunca vou saber): "Você se superou esta semana, V.! Nota 9/10, sem comentários, é a melhor nota da classe. Então, as outras, me escutem bem, vou fazer circular o trabalho da colega de vocês e peço que todas leiam com atenção. E sigam o exemplo! Espero que isso não a incomode, V., ainda mais porque as suas amigas ficarão sabendo que amazona incomparável você é!"

A espoliação começou assim, entre outras coisas.

Depois disso, G. nunca mais se interessou pelos meus escritos, não me encorajou a escrever, não me estimulou a encontrar o meu caminho.

O escritor era ele.

No meu reduzido círculo de amigos, as reações em relação a G. são desconcertantes. Os meninos o rejeitam visceralmente, o que é bom para G. pois ele não tem a menor vontade de conhecê-los. Ele prefere meninos imberbes, de doze anos no máximo, como vim a descobrir. Além do mais, eles não são objetos de prazer, mas rivais.

Em contrapartida, as meninas sonham em conhecê-lo. Uma delas certo dia me pergunta se pode pedir para ele ler um conto que ela havia escrito. Um olhar "profissional" não tem preço. As adolescentes do meu tempo são bem mais espevitadas do que seus pais imaginam. O que agrada a G. profundamente.

Certo dia chego atrasada no colégio, como de costume. A aula de coral já havia começado, todo mundo em pé cantando em uníssono. Um pedacinho de papel, dobrado em quatro, aterrissa na minha carteira, em frente ao meu estojo. Eu o desdobro e leio: "Você é chifruda". Duas caras hilárias imitam, com os dedos em riste no alto da cabeça, dois cornos que se agitam. Terminada a aula, quando todos os alunos enveredam pela porta de saída, eu tento fugir, mas um dos engraçadinhos encosta em mim e cochicha no meu ouvido: "Eu vi o seu velho num ônibus, beijando outra menina". Estremeço e tento disfarçar. O menino termina me jogando na cara: "Meu pai me disse que ele é um sacana de um *pedófilo*". Eu já tinha ouvido essa palavra, é claro, mas nunca havia lhe dado crédito. Mas, pela primeira vez, ela me apunhala. Primeiro porque se refere ao homem que eu amo e faz dele um criminoso. E segundo porque, pelo tom de voz do garoto, pelo desprezo com que trata o assunto, percebo que ele me encaixou não no time das vítimas, mas no das cúmplices.

G. fica indignado quando lhe conto que algumas pessoas do meu círculo o chamam de "profissional do sexo". Essa expressão me perturba. O amor dele por mim é de uma sinceridade acima de qualquer suspeita. Pouco a pouco, comecei a ler alguns dos seus livros. Os que ele me recomendou. Os mais sérios, o dicionário filosófico que acabou de ser lançado, alguns romances, não todos, pois ele me desaconselhou a abrir os mais diabólicos. Com uma força de convicção digna dos melhores políticos, com a mão no peito, ele jura que seus escritos não correspondem mais ao homem que ele se tornou hoje em dia, graças a mim. E, acima de tudo, ele teme que algumas páginas me choquem. E assume então seu ar de cordeirinho inocente.

Por um longo tempo, obedeço à proibição. Duas dessas obras, no entanto, estão expostas numa prateleira, ao lado da cama. Seus títulos me desafiam todas as vezes que meus olhos pousam em um deles. Mas, como a esposa do Barba Azul,*

---

* Barba Azul é o personagem principal de um famoso conto infantil sobre um nobre violento e sua esposa curiosa. (N. da T.)

prometi manter minha palavra. Sem dúvida porque não tenho a sombra de uma irmã para me salvar de uma fria se, por acaso, a ideia de transgredir o proibido passar pela minha cabeça.

Quando as piores acusações sobre ele chegam aos meus ouvidos, uma infinita ingenuidade me leva a acreditar que a ficção de G. é uma caricatura dele mesmo, que seus livros são um exagero deformado da pessoa dele, aviltada e desfigurada com a intenção de provocar, como um personagem de romance cujas feições pioramos. Versão moderna do retrato de Dorian Gray, sua obra seria o receptáculo de todos os seus defeitos, que lhe permite voltar à vida renovado, virgem, suave e puro.

E como ele poderia ser mau se é quem eu amo? Graças a ele, não sou mais a menininha solitária que espera o pai no restaurante. Graças a ele, enfim eu existo.

A falta, a falta de amor sedenta de tudo, como um drogado que não vê a qualidade daquilo que lhe fornecem e injeta a dose letal com a certeza de estar se fazendo o bem. Com alívio, reconhecimento e êxtase.

Desde o início da relação nos correspondemos por cartas, como no tempo de *Ligações perigosas,* digo a mim mesma com ingenuidade. G. me incita a usar esse modo de comunicação, sem dúvida porque ele é escritor, mas por segurança também, para proteger o nosso amor dos ouvidos e olhares indiscretos. Não vejo nenhum inconveniente nisso e me sinto mais à vontade escrevendo que falando, é um meio de expressão natural para mim, que sou tão reservada com meus colegas de classe, incapaz de falar em público, de fazer uma apresentação, inapta para qualquer atividade teatral ou artística que exponha o meu corpo aos olhares dos outros. Internet e celular ainda não existem. Quanto ao telefone, objeto vulgar desprovido de qualquer poesia, ele só inspira desprezo a G. Guardo, cuidadosamente amarrada com uma fita numa velha caixa de papelão, uma pilha de declarações de amor ardentes, que ele me envia quando está ausente ou quando não nos vemos por vários dias. Também sei que ele guarda cuidadosamente as minhas. Mas, ao mergulhar em alguns dos seus livros (não os mais escabrosos), percebo que estou muito longe de ter a exclusividade dessas efusões epistolares.

Dois de seus livros, em especial, contam os amores tumultuados com uma série de jovens das quais G. parece incapaz de recusar os avanços. Essas amantes são todas muito exigentes e, não sabendo como se desvencilhar, ele faz verdadeiros malabarismos com mentiras cada vez mais descaradas para encadear, num mesmo dia, dois, três, às vezes quatro encontros amorosos.

G. não só não hesita em reproduzir em seus livros as cartas de suas conquistas, como todas são estranhamente parecidas. Pelo estilo, pela exaltação e mesmo pelo vocabulário, elas parecem constituir um idêntico *corpus* que se estende por vários anos, no qual seria possível ouvir a voz longínqua de uma jovem ideal, composta de todas as outras. Todas elas manifestam um amor tão celestial quanto o de Heloísa e Abelardo, tão carnal quanto o de Valmont e Tourvel.* Parece que lemos a prosa ingênua e antiquada de apaixonados de um outro século. Não são palavras de garotas da nossa idade, são termos universais e atemporais da literatura epistolar amorosa. G. nos sopra esses termos em silêncio, insufla-os em nossa própria língua. Despoja-nos de nossas próprias palavras.

As minhas não são diferentes. Será que todas as jovens entre catorze e dezoito anos, um pouco "literárias", escrevem da mesma maneira? Ou será que eu também fui influenciada pelo estilo muito uniforme dessas cartas de amor depois de ter lido algumas delas nos livros de G.? Eu me curvo à ideia de uma espécie de "documento contratual" implícito, ao qual eu teria me adequado por instinto.

---

* Personagens de *As ligações perigosas*, de Choderlos de Laclos. (N. da T.)

Com o distanciamento, eu me dei conta disso. Trata-se de um jogo tolo: reproduzir de livro em livro, com o mesmo fetichismo, essa literatura de jovens em flor, permite que G. monte sua imagem de sedutor. Essas cartas também são, do modo mais pernicioso, a garantia de que ele não é o monstro que se descreve. Todas essas declarações de amor são a prova tangível de que ele é amado e, melhor ainda, de que ele também *sabe* amar. É um procedimento hipócrita que não engana apenas suas jovens amantes, mas também os leitores. Acabei descobrindo a função dessas dezenas de cartas que ele me escrevia de maneira frenética desde o nosso primeiro encontro. Porque, em G., o apaixonado das adolescentes também é o escritor; a autoridade, a influência psicológica da qual ele desfruta são suficientes para conduzir a ninfeta do momento a afirmar por escrito que está plenamente satisfeita. Uma carta deixa rastros, é preciso responder a isso, e, quando ela é de um lirismo inflamado, tem-se de se mostrar à altura. Por essa injunção muda, a adolescente assume como missão convencer G. de todo o prazer que ele lhe dá, de modo que, em caso de a polícia se envolver, o seu consentimento não deixe nenhuma dúvida. É claro que ele é um artista que se tornou mestre na execução da menor carícia. As alturas inigualáveis que ele nos faz atingir no orgasmo são prova disso!

Da parte das jovens que chegam virgens à cama de G., sem a menor condição de comparação, tais declarações, na verdade, são bem cômicas.

Azar dos leitores fervorosos do seu diário que se deixam enganar.

Como a necessidade financeira se impõe, G. publica seus livros com uma precisão metronômica, no ritmo de um por ano. Há algumas semanas ele resolveu escrever sobre nós, sobre a nossa história, sobre o que ele chama de "sua redenção": um romance inspirado no nosso encontro que será, como ele mesmo diz, a grande prova desse amor "solar", dessa "reforma" da sua vida dissipada pelos belos olhos de uma jovem de catorze anos. Que tema romântico! Don Juan curado do seu frenesi sexual, decidido a não mais se deixar dominar pelas pulsões, jurando que é outro homem, que a graça caiu sobre ele ao mesmo tempo que a flecha do Cupido.

Feliz, febril e concentrado, ele formata em sua máquina de escrever as anotações de um caderninho preto Moleskine. "Igual ao do Hemingway", ele me diz. A leitura dos volumes do seu diário íntimo e literário me é rigorosamente proibida. Mas desde que G. começou a escrever esse romance, o real muda de campo: de musa, eu me transformo pouco a pouco em personagem de ficção.

G. exibe um ar sério e uma expressão sombria, o que não é habitual nele. Nós nos encontramos num café onde temos o hábito de ir, em frente ao Jardim de Luxemburgo. Quando eu lhe pergunto o motivo de sua preocupação, ele hesita um momento antes de me confessar a verdade. A Brigada de Proteção aos Menores o convocara naquela manhã, após receber uma carta anônima o denunciando. Portanto, não somos os únicos sensíveis ao charme do epistolar.

G. passou a tarde escondendo todas as minhas cartas e fotos (e provavelmente outras coisas comprometedoras) em um cofre, com um tabelião ou advogado. A entrevista foi marcada para a semana seguinte. Tratava-se de nós, de mim, especialmente. A lei fixa a maioridade sexual aos quinze anos. E estou longe de ter completado essa idade. A situação é grave. Precisamos nos preparar para todas as hipóteses. Será que os dias atuais deixaram de ser complacentes?

Na quinta-feira seguinte, minha mãe espera, angústiada, notícias dessa entrevista. Ela tem consciência de que a responsabilidade dela está em jogo. Por ter aceitado acobertar a relação entre sua filha e G., ela também corre o risco de ser condenada. E de até perder a minha guarda, o que resultaria na minha transferência para a casa de uma família acolhedora, até minha maioridade.

Quando o telefone toca, ela avança sobre o aparelho para atender, nervosa. Seu rosto relaxa alguns segundos depois. "O G. vem para cá se encontrar com a gente daqui a uns dez minutos. Ele estava com uma voz tranquila, então acho que tudo correu bem", ela diz, de um só fôlego.

G. saiu alegre da delegacia de polícia de Paris, no Quai de Gesvres, satisfeito por ter enrolado a inspetora e os colegas dela. "Deu tudo certo", ele se gabou assim que chegou. "Os policiais me garantiram que era uma simples formalidade. 'Recebemos centenas de cartas de denúncia por dia a respeito de celebridades, o senhor sabe, a inspetora me contou'." Como sempre, G. estava convencido de que seu charme irresistível havia funcionado. O que não era improvável.

Os policiais lhe mostraram a carta que os alertou. Assinada "W., uma amiga da mãe", ela descrevia em detalhes algumas de nossas atividades mais recentes. Como a sessão de cinema à qual nós fomos. Minha chegada na casa dele em tal dia, a tal hora, a volta para a casa da minha mãe duas horas depois. O relato de nossas depravações era pontuado de considerações do tipo: "Não, mas, como vocês mesmos podem ver, é uma vergonha, ele se acha acima da lei" etc. A típica carta anônima, um modelo do gênero, quase uma paródia. Fiquei gelada. Detalhe estranho, a carta me deixou mais jovem um ano, sem dúvida para acentuar a gravidade dos fatos. Falava de uma "pequena V. de treze anos". Mas quem pode passar tanto tempo nos espiando? E, além disso, a assinatura estranha, como um indício posto ali para ajudar a adivinhar a identidade do autor. Senão, por que a inicial?

Minha mãe e G. se lançam nas mais loucas conjecturas. Encaramos todos os nossos amigos como um abutre em potencial. Será que não foi a vizinha do segundo andar, uma senhora de idade, professora de literatura, que às vezes me levava ao teatro às quartas-feiras, quando eu era pequena? Ela pode ter nos surpreendido aos beijos na esquina... Sem dúvida ela sabe quem é G. (afinal é professora de literatura) e, ademais, passou pela Ocupação,* época em que se praticava esse tipo de correspondência. Mas é o "W" que nos confunde, um pouco moderno demais para ela. *W. ou a memória da infância*, de Georges Perec, certamente não pertence ao panteão literário da sra. Latreille, cujas referências deviam parar no fim do século XIX.

Talvez Jean-Didier Wolfromm, famoso crítico literário, adepto de pastiches, como são às vezes os autores que não conseguem escrever na primeira pessoa do singular. Ou que, simplesmente, não conseguem mais escrever, embora tenham feito disso sua profissão. "Com certeza foi ele", diz G. "Primeiro, a inicial corresponde. Depois, ele é amigo da sua mãe e pôs você debaixo das asas."

De fato, Jean-Didier me convida para almoçar de vez em quando e me encoraja a escrever, sabe-se lá por quê. "V., você

---

* Período em que a França foi ocupada pelas tropas alemãs (1940-1944). (N. da T.)

tem de escrever", ele me diz constantemente. "E escrever, bom, pode parecer idiota, mas começa por se sentar, e depois... escrever. Todos os dias. Sem trégua."

Na casa dele, todos os cômodos estão cheios de livros. Sempre saio de lá com uma pilha de obras debaixo do braço, exemplares que os assistentes de marketing das editoras lhe enviam. Ele faz para mim uma pequena seleção. E me dá conselhos. Embora tenha a reputação de ser de uma maldade impiedosa, eu gosto muito dele. É extremamente engraçado, geralmente à custa dos outros, mas não consigo imaginar que ele fizesse uma coisa dessas. Atacar G. é me atacar.

Há muito tempo, sem dúvida porque meu pai me abandonou abertamente, Jean-Didier me vê crescer com afeição. E eu tenho consciência de sua solidão. Vi, no apartamento dele, a banheira maculada de tinta violeta, onde todos os dias ele deve tomar banho de permanganato por causa de uma doença de pele horrível: o rosto e as mãos dele estão sempre irritados, vermelhos e repletos de fissuras esbranquiçadas. As mãos extraordinárias me fascinam, tão hábeis em segurar uma caneta, mas, no restante, ele é retorcido pela poliomielite. Curiosamente, seu aspecto físico nunca me chocou, eu sempre o beijo como beijaria um pão doce. Por trás de seu sofrimento e da aparente maldade, sei que se esconde uma pessoa gentil e bondosa.

— Tenho certeza de que é esse sacana — troveja G. — Ele sempre teve inveja de mim porque é monstruoso. Ele não suporta que alguém possa ser bonito e talentoso ao mesmo tempo. Eu sempre o achei repugnante. E, além do mais, aposto que ele só pensa em dormir com você.

— Mas o W.? Não está muito na cara? Nesse caso, por que não assinou o próprio nome?

Tento defender o pobre Jean-Didier, dizendo a mim mesma que, no fim das contas, ele seria muito esperto por inventar um plano desses, se o objetivo fosse jogar G. na cadeia.

— Também poderia muito bem ser o Denis — diz G.

Denis é um editor, amigo da minha mãe. Numa noite, ele jantava em casa com outros convidados e, quando G. chegou, ele se levantou da mesa e o atacou violentamente. Minha mãe precisou pedir a Denis que se retirasse, o que ele fez sem se fazer de rogado. Ele foi uma das três raras pessoas, talvez a única, que tentou se opor contra mim e G., a expressar publicamente sua indignação. No entanto, será que é ele o abutre? Sinceramente, não faz o gênero dele... Afinal, por que depois de se opor de modo tão direto, usou de um meio tão mesquinho?

— Minha ex-professora, talvez? Ela continua morando no bairro e nós ficamos muito próximas. Eu nunca falei sobre você, mas ela pode ter cruzado com a gente na rua por acaso e nos viu de mãos dadas. Ela é do tipo que tem um ataque por isso... Ou então aquele outro editor, o Martial, que tem escritório no térreo do nosso prédio e que já nos viu centenas de vezes andando por aí? Mas nós mal o conhecemos. Ele, *uma amiga da minha mãe*?

Meus colegas de colégio? Não, são muito jovens para agir de um jeito tão sofisticado. Não é o estilo deles...

E por que não o meu pai? Não tenho notícia dele desde o escândalo no hospital. Há alguns anos, ele tinha planos de abrir uma agência de detetives particulares. Teria montado o negócio e mandado seguir a filha? Não posso ignorar essa possibilidade.

Escondo de G. e, sem dúvida, de mim mesma que no fundo essa ideia me dá certo prazer. Afinal, não é papel do pai proteger a filha? Isso significaria que ele ainda se importa comigo... Mas por que escrever uma carta anônima em vez de ir pessoalmente ao Brigada de Proteção de Menores? Isso é absurdo. Não, não é ele. Enfim, vai saber, ele é tão imprevisível...

Em duas horas, cogitamos todas as hipóteses, consideramos os cenários mais improváveis. Terminado esse primeiro conselho de guerra, todo o meu círculo de conhecidos se tornou suspeito de ser o autor da carta. O que não valeu para nenhum dos inimigos de G. Havia muitos detalhes a meu respeito. "Só pode ser alguém das suas relações", decretou G., fitando minha mãe com um olhar glacial.

Por quatro vezes G. foi convocado ao Brigada de Proteção de Menores, porque a polícia recebeu uma série dessas cartas. Cada vez mais dissimuladas, cada vez mais intrusivas, ao longo de vários meses. G. teve acesso à maioria delas.
 Para os amigos da minha mãe, nossa relação é confidencial, mas fora desse círculo é preciso ser mais prudente e discreto. Eu me sinto como um animal acuado. A sensação de ser espiada permanentemente faz nascer dentro de mim um sentimento de paranoia, ao qual se soma uma constante culpa. Na rua, ando rente às paredes, faço desvios cada vez mais complicados para ir à casa de G. Nós dois nunca chegamos ao mesmo tempo. Ele chega primeiro, eu apareço uma meia hora mais tarde. Não andamos mais de mãos dadas. Não atravessamos mais juntos o Jardim de Luxemburgo.

Após a terceira convocação ao Quai de Gesvres, sempre "por pura formalidade", segundo a polícia, G. começa a ficar realmente nervoso.

Certa tarde, após passarmos algum tempo debaixo dos lençóis no estúdio dele, nós nos apressamos escada abaixo. Estou atrasada e por pouco não dou de encontro com um jovem casal que está subindo. Educada, eu os cumprimento e continuo descendo. Quando cruzam com G., eu os ouço se dirigirem a ele: "Sr. M.? Brigada de Proteção de Menores". Até parece que os tiras assistem aos programas de literatura na TV, pois aqueles dois, embora nunca o tenham encontrado, reconhecem imediatamente o rosto de G. "Sou eu mesmo", ele responde com uma voz suave e descontraída. "Em que posso ajudá-los?" Fico aturdida com seu sangue-frio e tremo como uma vara verde. O que eu faço? Saio correndo, me escondo num canto da escada, grito para defendê-lo e digo que o amo ou fujo para distraí-los? Logo percebo que nada disso será necessário. O diálogo transcorre num tom afável. "Queríamos lhe falar um instante, sr. M." "É claro, só que neste exato momento estou saindo para uma sessão de autógrafos numa livraria. Poderiam voltar mais tarde?" "Evidentemente, sr. M."

G. me lança um olhar e diz: "Permitam que eu me despeça desta jovem estudante que veio fazer algumas perguntas sobre o meu trabalho". Então ele aperta minha mão e me dá uma piscada. "É apenas uma visita de rotina", diz a mulher. "Ah, vocês não vieram me prender, se é que compreendi bem" (risos). "Claro que não. Enfim, sr. M., podemos voltar amanhã, se for melhor para o senhor."

G. não precisa se preocupar com uma busca. O estúdio não tem mais o menor vestígio da minha presença na vida dele. Mas, se compreendo bem, acabamos de evitar por um triz um flagrante.

Por que nenhum dos dois inspetores dá atenção à adolescente que sou? As cartas mencionam uma "pequena V. de treze anos". É bem verdade que eu tenho catorze e talvez pareça um pouco mais.

Mesmo assim, tão poucas suspeitas nos deixam mudos.

Agora G. aluga por ano um quarto de hotel para escapar das visitas da Brigada de Proteção ao Menor (que ele chama de "perseguições"). Ele escolheu esse hotel despretensioso porque o prédio possui uma localização ideal. Fica em frente à rua que dá para o meu colégio e, também, é vizinho da cervejaria que G. costuma frequentar. Um generoso mecenas, entusiasta de sua obra, financia esse substancial investimento. Como escrever sem isso, com tantos tiras nas costas? A arte acima de tudo!

Como em seu estúdio minúsculo perto do Jardim de Luxemburgo, a primeira coisa que se vê ao entrar é a cama enorme, que reina no meio do quarto. G. passa mais tempo deitado do que sentado ou em pé, e tanto a vida dele quanto a minha serão permanentemente voltadas para esse leito. Eu durmo cada vez mais neste quarto, só ponho os pés na casa da minha mãe quando ela exige.

Um dia, dizem para G. que ele pegou um fungo maligno nos olhos. A hipótese de HIV é a primeira a ser considerada. Esperamos o resultado do teste durante uma longa e angustiante semana. Eu não tenho medo, já me considero uma heroína trágica. Se for preciso morrer de amor, será uma verdadeira honra e um privilégio! É isso que murmuro para G. enquanto o abraço carinhosamente. Da sua parte, ele parece bem menos tranquilo. Um de seus amigos está agonizando, a doença atacando-lhe a pele, cobrindo-a com uma espécie de lepra escura. G. conhece a força implacável desse vírus, o declínio que se segue, a morte inevitável. E nada lhe aterroriza mais que a ideia da degradação física. A angústia é perceptível no menor de seus gestos.

G. ficou hospitalizado o tempo necessário para fazer todos os exames e receber um tratamento adequado. A hipótese de HIV foi descartada. Um dia o telefone toca, quando estou à sua cabeceira, no quarto de hospital. Uma mulher muito formal deseja falar com ele. Pergunto quem ela é, e ela me responde com um tom solene: o presidente da República está na linha.

Mais tarde fico sabendo que G. guarda permanentemente na carteira uma carta do presidente, alegando que faz isso porque é grande admirador de seu estilo e de sua imensa cultura.

Essa carta é um salvo-conduto para G. No caso de ser preso, ele acha que ela teria o poder de salvá-lo.

No fim das contas, G. ficou pouco tempo no hospital. Depois de fazer correr o boato de que estava com aids (é mais fácil fazer isso quando se tem certeza de que não se está doente), ele agora exibe constantemente um par ainda maior de óculos escuros e uma bengala. Começo a entender seu jogo. Ele gosta de dramatizar sua situação. De que tenham pena dele. Todos os episódios de sua vida são instrumentalizados.

Por ocasião do lançamento de seu novo livro, G. foi convidado a participar do mais famoso programa literário de TV, a meca dos escritores. Ele me pediu que o acompanhasse.

No táxi que nos leva para o estúdio de televisão, com o nariz colado no vidro da janela, olho, distraída, as fachadas centenárias desfilarem sob a luz dos postes, os monumentos, as árvores, os transeuntes, os casais apaixonados. A noite acaba de cair. G. usa seus eternos óculos escuros. Mas, depois de alguns minutos, sinto sobre mim a hostilidade de seu olhar por trás do plástico opaco.

— O que deu em você de se maquiar? — ele acaba disparando.

— Eu... eu não sei, esta noite é especial, eu queria ficar bonita para você, te agradar...

— E o que te faz pensar que eu gosto de você assim, toda espalhafatosa? Você quer parecer uma "dama", é isso?

— G., não, eu só queria ficar bonita para você, só isso.

— Mas eu gosto quando você está natural, não entende? Não precisa fazer isso. Desse jeito eu não gosto.

Engulo os soluços, constrangida com a presença do motorista, sem dúvida convencido de que meu pai tem razão de me repreender dessa maneira. Na minha idade, me maquiar como uma puta! E ainda mais para sair?

Tudo parece nebuloso. A noite vai ser um desastre, meu rímel escorreu e agora, com certeza, não me pareço com mais nada. Vou precisar cumprimentar pessoas que eu não conheço, adultos que adotarão um ar de entendidos ao me verem com G., vou ter de sorrir para valorizá-lo, como todas as vezes que ele me apresenta aos seus amigos. Mas eu poderia cortar os pulsos ali mesmo, naquele momento, porque ele tinha acabado de me partir o coração ao dizer que eu não estava como ele gosta.

Uma hora depois, no estúdio de gravação, após me fazer algumas carícias, me dizer algumas palavras doces, me cobrir de beijos e me chamar de sua "criança querida" e sua "bela colegial", eu me sento na plateia, repleta de admiração.

Três anos depois, G. participaria desse mesmo programa, que não o trataria tão bem, pois o mínimo que se pode dizer é que ele foi "insultado", e não foi pouco! Descobri um trecho dele, anos depois, na internet. Essa gravação é bem mais conhecida que a anterior, pois em 1990 G. não foi defender um inofensivo dicionário filosófico, mas o último volume de seu diário íntimo.

Numa passagem que ainda se pode encontrar em vídeo, o ilustre mestre de cerimônia desfia a lista de conquistas de G. e caçoa, num tom gentilmente desaprovador, do "harém de jovens amantes" do qual G. se gaba.

Cortes mostram os outros convidados, que riem abertamente da descrição quando o famoso animador se inflama e dá livre curso à sua ironia: "Você é mesmo um colecionador de garotinhas!" Até então tudo corre bem. Risos cúmplices, o rosto corado e falsamente modesto de G.

Repentinamente uma das convidadas, uma única, ataca essa bela harmonia e, sem cerimônia, se lança numa verdadeira execução. Seu nome é Denise Bombardier, uma autora canadense. Ela se diz escandalizada com a presença num canal de televisão francês de uma personalidade tão detestável, de um pervertido, conhecido por defender e praticar a pedofilia. Citando a idade das famosas amantes de G. M. ("catorze anos!"), ela acrescenta que em seu país tal aberração é inimaginável, que lá as pessoas são mais evoluídas quanto aos direitos das crianças. E como sobrevivem todas essas meninas que ele descreve em seus livros? Alguém pensou nelas?

A resposta é imediata, mesmo que sintamos G. surpreso com os ataques. Muito irritado, ele corrige: "Não há nenhuma menina de catorze anos, são jovens dois ou três anos mais velhas, que têm todo o direito de viver suas paixões". (Não se pode dizer que ele não conhece o código penal.) Em seguida, ele declara que a convidada tem muita sorte de ter se lançado contra um homem tão cortês e bem-educado quanto ele, que não se rebaixaria ao seu nível de insultos, e, com as mãos dançando daquela maneira feminina que supostamente visa tranquilizar sobre a docilidade de suas intenções, termina dizendo que nenhuma das jovens citadas reclamou da relação que mantinha com ele.

Fim de jogo. O famoso escritor ganhou diante da valentona, que agora passa a ser uma mulher mal-amada, invejosa da felicidade das jovens bem mais satisfeitas que ela.

Se G. tivesse sofrido as mesmas críticas na minha presença, naquela noite em que eu o ouvia em silêncio, sentada na plateia, como eu teria reagido? Teria, instintivamente, tomado a defesa dele? Teria tentado explicar àquela mulher, depois da gravação, que ela estava errada e que, não, eu não estava lá coagida? Teria compreendido que era a mim, escondida entre os espectadores, ou a alguma outra jovem na mesma situação que a minha que aquela mulher estava tentando proteger?

Mas, desta vez, não haverá nenhum ataque, nenhuma nota desafinada durante a grande missa. O livro de G., muito sério, não se presta a isso. Só a elogios unânimes, seguidos por drinques nos bastidores. G. me apresenta a todos, como de costume, com um orgulho evidente. Bela maneira, ali também, de confirmar a veracidade de seus escritos. As adolescentes fazem parte integrante de sua vida. E ninguém se mostrará nem um pouco chocado nem embaraçado pelo contraste entre G. e meu rosto cheio de menina, sem maquiagem nem os reveses da idade.

Em retrospecto, percebo a coragem da autora canadense para se insurgir, sozinha, contra a complacência de toda uma época. Mas o tempo fez a sua obra, e hoje essa passagem de *Apostrophes** se tornou o que chamamos, na melhor e na pior das hipóteses, um "momento" da televisão.

E por muito tempo G. não é mais convidado para participar de programas literários para se gabar de suas conquistas colegiais.

---

* Famoso programa literário da televisão francesa que foi ao ar entre janeiro de 1975 e junho de 1990. (N. da T.)

Primeiro as cartas de denúncia anônimas, depois o medo de nós dois termos contraído aids: essas sucessivas ameaças cristalizaram o nosso amor. Precisar se esconder, desaparecer, fugir do olhar intrusivo de testemunhas, invejosos, gritar numa sala de audiência que o amo mais que tudo enquanto algemam meu amado... Morrer nos braços um do outro, a pele consumida, colada aos ossos, mas num único coração que só bate pelo outro... Mais que nunca, a vida junto de G. parece um romance. Será que seu fim será trágico?

Em algum lugar, há uma via a seguir ou a descobrir. É isso o que dizem os taoístas. A via da exatidão. A palavra certa, o gesto perfeito, o sentimento irrefutável de estar onde é preciso, no momento certo. No lugar onde estaria a verdade nua, por assim dizer.

Aos catorze anos, não se pensa que um homem de cinquenta a espere na saída do colégio, não se supõe viver num hotel com ele, nem estar em sua cama com o pênis dele na boca na hora do lanche. Tenho consciência de tudo isso. Apesar dos meus catorze anos, não sou completamente desprovida de bom senso. Dessa anormalidade, eu fiz, de alguma forma, a minha nova identidade.

Em contrapartida, quando alguém não se surpreende com a minha situação, tenho o pressentimento de que o mundo à minha volta não funciona direito.

E quando, mais tarde, todas as psicoterapias se matarem para me explicar que fui vítima de um predador sexual, também nesse caso me parecerá que não é o "caminho do meio". Que não é inteiramente *justo*.

Ainda não terminei com a ambivalência.

IV

O menosprezo

> Enquanto não puderem me provar que uma menina
> chamada X tenha sido espoliada de sua infância por um
> maníaco, não vejo nenhuma cura para o meu tormento,
> senão o paliativo muito local da arte articulada.
>
> — Vladimir Nabokov, *Lolita*

G. escreve praticamente noite e dia. Seu editor aguarda um manuscrito para o fim do mês. Uma etapa que aprendi a conhecer. É o segundo livro que ele se prepara para publicar desde que nos conhecemos, um ano atrás. Da cama, meu olhar segue a linha angulosa de seus ombros curvados sobre a pequena máquina de escrever, resgatada do estúdio de onde tivemos que fugir. Suas costas nuas são totalmente lisas. Seus músculos são delicados, a cintura estreita cingida por uma toalha de banho. Agora eu sei que a esbeltez desse corpo tem um preço. Um preço até muito caro. Duas vezes por ano G. vai para uma clínica suíça especializada, onde se alimenta quase exclusivamente de saladas e grãos, de onde o álcool e o tabaco são banidos e de onde ele volta todas as vezes remoçado cinco anos.

Essa vaidade não combina com a imagem que faço de um homem das letras. No entanto, é bem por esse corpo quase imberbe, tão ágil e magro, tão louro e firme, que eu me apaixonei. Mas eu teria preferido não conhecer os segredos do rejuvenescimento.

Na mesma perspectiva, descobri que G. tinha verdadeira fobia de todas as formas de alterações físicas. Um dia, ao tomar banho, percebi que a pele dos meus seios e braço estava coberta de manchas vermelhas. Nua e ainda molhada, saí precipitadamente do banheiro para lhe mostrar. Quando G. viu a extensão das marcas no meu corpo, ficou com um ar horrorizado, tampou os olhos e soltou:

— Não! Por que você está me mostrando isso? Quer que eu fique com aversão a você ou o quê?

Uma outra vez, assim que cheguei do colégio, sentei na cama com os olhos fixos nos sapatos, em lágrimas. Um silêncio de chumbo havia se instalado no quarto. Tive o azar de mencionar um colega de classe que me convidara para ir a um show.

— Um show de quem?

— Do The Cure, uma banda new wave. Fiquei com vergonha, sabe? Todo mundo parecia conhecer, menos eu.

— Conhecer o quê?

— The Cure.

— E você pode me dizer o que pensa que vai fazer num show de música new wave a não ser fumar baseado e balançar a cabeça como uma débil? Além do mais, esse cara, por que você acha que ele te convidou? Ele só quer te beijar e te dar uns amassos no escurinho. Espero que tenha dito "não", no mínimo!

Com a aproximação dos meus quinze anos, G. pôs na cabeça controlar todos os aspectos da minha vida. Ele passou a ser uma espécie de tutor. Preciso comer menos chocolate para evitar espinhas. Tomar cuidado para não engordar. Parar de fumar (eu fumo feito uma caminhoneira).

Não sobra nem a minha consciência. Todas as noites ele lê para mim o Novo Testamento, verifica se eu captei bem o sentido da mensagem de Cristo em cada uma das parábolas. Surpreende-se com a minha total falta de conhecimento nesse assunto. Eu, a ateia, não batizada, filha de uma feminista de fins da década de 60, às vezes me revolto com o tratamento reservado às minhas semelhantes nesse texto que acho, na maior parte do tempo, além de misógino, repetitivo e obscuro. Mas, no fundo, não fico descontente com essa descoberta. No fim das contas, a Bíblia é um texto literário como outro qualquer. "Não", objeta G., "é *Aquele* do qual derivam todos os outros." Entre duas carícias, ele também me ensina a recitar por inteiro a "Ave-Maria" em francês, depois em russo. Eu tenho de saber a oração de cor e recitá-la à noite, em silêncio, antes de dormir.

Mas do que ele tem medo, droga? Que eu vá para o inferno com ele?

"A Igreja é feita para os pecadores", ele responde.

G. foi por duas semanas fazer seu tratamento de rejuvenescimento na Suíça. Ele me deu as chaves do quarto do hotel e do estúdio de Luxemburgo. Eu poderia passar por lá, se quisesse. Uma noite, resolvo quebrar o tabu e decido ler os livros proibidos. De uma sentada só, como uma sonâmbula. Durante dois dias, não ponho o nariz para fora.

A pornografia de algumas páginas, dissimulada apenas sob o refinamento da cultura e o domínio do estilo, me dá náuseas. Eu me detenho num parágrafo em especial, em que, numa viagem a Manila, G. sai em busca de "cus frescos". "Os meninos de onze ou doze anos que ponho aqui na minha cama são uma pimenta rara", escreve ele um pouco mais adiante.

Penso nos seus leitores. Imagino homens velhos desprezíveis — que atribuo no mesmo instante a um físico igualmente revoltante —, eletrizados com essas descrições de corpos juvenis. Ao me tornar uma das heroínas dos romances de G., dos seus cadernos de anotações pretos, também me tornarei o objeto de práticas masturbatórias para leitores pedófilos?

Se G. for mesmo o pervertido que tantas vezes me pintaram, o absoluto canalha que, pelo preço de uma passagem de avião para as Filipinas, se dá ao luxo de uma orgia com meninos de onze anos, legitimando seus atos com a compra de uma simples mochila, isso também faz de mim um monstro?

Tento imediatamente repelir essa ideia. Mas o veneno já entrou dentro de mim e começa a se espalhar.

São 8h20. Esta semana, pela terceira vez, não consegui pôr os pés dentro do colégio. Eu me levantei, me banhei, me vesti. Tomei meu chá de um gole só, pus a mochila nas costas, desci correndo a escada do prédio onde minha mãe mora (G. continua viajando). Até o hall, tudo bem. Depois, na rua, é um horror. Tenho medo do olhar das pessoas, de cruzar com alguém conhecido com quem eu deva falar. Um vizinho, um comerciante, um colega de classe. Passo rente às paredes, faço trajetos impensáveis por ruas menos movimentadas. Todas as vezes que vejo meu reflexo em um espelho, meu corpo se enrijece e quase não consigo retomar os passos.

Mas hoje me sinto decidida, determinada, forte. Não, desta vez não vou ceder ao pânico. No entanto, tenho uma visão assim que chego na porta do colégio. Primeiro, escondidos em um canto mal iluminado, porteiros muito sérios controlam a carteirinha dos alunos. Depois, dezenas de mochilas batem umas nas outras em direção à colmeia barulhenta e desordenada do pátio central. Um enxame hostil e fervilhante. E não dá outra! Dou meia-volta, sigo pela rua em sentido contrário até o mercado, sem fôlego, o coração disparado, transpirando como se tivesse cometido um crime. Culpada e sem direito à defesa.

    Então me refugio em um café próximo que elegi como casa quando não estou no hotel. Posso ficar ali durante horas sem ninguém me incomodar. O garçom é sempre discreto. Ele me observa escrever no diário ou ler em silêncio na companhia disparatada de algumas pilastras do bar. Nunca diz nada inconveniente. Não me pergunta porque não estou na escola. Não exige que eu tome mais do que um café e um copo d'água, mesmo que eu fique três horas no salão frio e anônimo onde um som de fliperama às vezes emerge do choque entre copos e taças.

    Começo a recuperar o fôlego. Preciso recuperar o equilíbrio. Respirar. Refletir. Tomar uma decisão. Tento escrever algumas frases às pressas num caderno. Mas nada mais me vem à mente. É mesmo o cúmulo, viver com um escritor e não ter a mínima inspiração.

    São 8h35. A três ruas daqui, o sinal tocou. Os alunos subiram as escadas, se sentaram em duplas, tiraram os cadernos e estojos. O professor entrou na classe. Todo mundo se calou quando ele começou a fazer a chamada. Ao chegar às últimas letras do alfabeto, pronunciou meu nome sem nem erguer os olhos para o fundo da sala. "Ausente, como sempre", disse ele, num tom desanimado.

Desde a volta de G., meninas furiosas aparecem a qualquer momento na porta do quarto do hotel. Nós as ouvimos chorar no corredor. De vez em quando, um bilhete é deixado embaixo do capacho. Uma noite, ele sai para falar com uma delas e fecha a porta atrás de si, de modo que não ouço nada da conversa. Lamentos, gestos, depois soluços sufocados, cochichos. Tudo fica bem, ele consegue acalmar a valquíria, que desce a escada e vai embora.

Quando peço explicações a G., ele alega que são fãs que o seguiram na rua ou conseguiram seu endereço não se sabe como, geralmente com o editor, pouco preocupado com a própria tranquilidade (ele tem as costas largas).

Em seguida ele me diz que vai viajar de novo, desta vez para Bruxelas, onde foi convidado para uma sessão de autógrafos em uma livraria e para participar da feira do livro. Vou ficar no hotel sozinha mais uma vez. No entanto, dois dias depois, no sábado, ao andar com uma amiga na rua, eu o vejo na calçada em frente, abraçado a uma menina. Como um robô, viro de costas para afugentar a visão. É impossível. G. está na Bélgica, ele jurou para mim.

Eu conheci G. aos treze anos. Nós nos tornamos amantes quando eu tinha catorze, agora tenho quinze, e nenhuma comparação é possível, pois não conheci outro homem. No entanto, rapidamente percebo a característica repetitiva das nossas sessões amorosas, a dificuldade de G. em manter a ereção, os subterfúgios trabalhosos para consegui-la (se masturbar freneticamente enquanto estou de costas), o aspecto cada vez mais mecânico dos nossos jogos sexuais, o tédio que deles sobrevém, o medo de fazer alguma crítica, a dificuldade, quase insuperável, de lhe propor um desejo que não só quebraria a nossa rotina, mas aumentaria o meu próprio prazer. Desde que li os livros proibidos, os que exibem a sua coleção de amantes e detalham suas viagens a Manila, alguma coisa de viscoso e sórdido cobre cada um desses momentos de intimidade, nos quais não consigo ver o menor vestígio de amor. Eu me sinto humilhada e mais sozinha do que nunca.

No entanto, nossa história era única, sublime. De tanto ele repetir, acabei acreditando nessa transcendência — a síndrome de Estocolmo não passa de um boato. Por que uma adolescente de catorze anos não poderia amar um senhor trinta e seis anos mais velho? Revirei essa pergunta centenas de vezes na minha mente, sem perceber que ela havia sido mal colocada desde o começo. Não era a minha atração que era preciso pôr em questão, mas a dele.

A situação teria sido bem diferente se, na mesma idade, eu tivesse ficado loucamente apaixonada por um homem de cinquenta anos que, a despeito de qualquer moral, houvesse sucumbido à minha juventude, depois de ter tido relações com muitas mulheres da idade dele e que, tomado por uma paixão repentina e avassaladora, houvesse cedido uma única vez a esse amor por uma adolescente. Sim, então eu concordo: a nossa paixão extraordinária teria sido *sublime*, é verdade, se tivesse sido eu quem o impulsionara a infringir a lei por amor, e se, em vez disso, G. não houvesse repetido essa história centenas de vezes ao longo de sua vida. Talvez ela tivesse sido única e infinitamente romanesca se eu tivesse a certeza de ser a primeira e a última, se, em resumo, eu tivesse sido uma *exceção* na sua vida sentimental. Então, como não lhe perdoar a transgressão? O amor não tem idade, e essa não é a questão.

Na realidade, na trajetória de vida de G., agora eu sabia que esse desejo por mim era infinitamente redundante e de uma triste banalidade, que resultava de uma neurose, de uma forma de dependência psicológica incontrolável. Talvez eu fosse a mais jovem de suas conquistas em Paris, mas seus livros estavam povoados de outras Lolitas de quinze anos (um ano a mais ou a menos não faz muita diferença), e, se ele tivesse vivido em um país menos preocupado com a proteção de menores, os meus catorze anos lhe teriam parecido bem insignificantes se comparados aos onze de um menino de olhos puxados.

G. não era um homem como os outros. Ele havia decretado que só teria relações sexuais com meninas virgens ou meninos púberes para relatar em seus livros. Como ele fazia, ao se apoderar da minha juventude para fins sexuais e literários. Graças a mim, todos os dias ele saciava uma paixão legalmente proibida, cuja vitória em breve ele exibiria triunfalmente em um novo romance.

Não, esse homem não era movido pelos melhores sentimentos. Esse homem não era bom. Ele era o que aprendemos a temer desde a infância: um monstro.

Nosso amor era um sonho tão poderoso que nada, nem um único dos raros avisos das pessoas à minha volta, havia sido suficiente para me fazer acordar. Era um maldito pesadelo. Uma violência inominável.

O sortilégio se dissipa. Já não era sem tempo. Mas **nenhum príncipe encantado vem em meu socorro para me livrar das lianas que ainda me prendem no reino das trevas**. Com o passar dos dias, eu acordo para uma nova realidade. Uma realidade que ainda me recuso a aceitar totalmente, pois ela pode me destruir.

Contudo, ao lado de G., não me dou mais ao trabalho de ocultar nenhuma de minhas dúvidas. O que descubro dele, e que ele havia tentado dissimular até então, me revolta. Eu tento compreender. Que prazer ele sente em comer os meninos em Manila? E por que essa necessidade de dormir com dez meninas simultaneamente, como ele se vangloria em seu diário? Afinal, quem ele é de verdade?

Quando tento obter as respostas, ele se esquiva com o ataque e diz que estou pensando demais, que estou sendo insuportável.

— E você, então? Quem é você com essas suas perguntas? Uma versão moderna da Inquisição? Uma feminista, talvez? Era só o que faltava!

A partir de então, G. descarrega sobre mim o mesmo credo, todos os dias:

— Você é louca, não sabe aproveitar o momento. Aliás, todas as mulheres são assim. Nenhuma mulher é capaz de curtir o momento, parece que isso está nos genes de vocês. Vocês vivem insatisfeitas, sempre reféns da própria histeria.

E eis que caem no esquecimento as ternas palavras: "minha criança querida", "minha bela colegial"...

— Como você sabe, eu só tenho quinze anos e ainda não sou o que se chama de *mulher*! Aliás, o que você conhece das mulheres? Depois dos dezoito, nada mais te interessa nelas!

Mas não estou à altura de uma disputa verbal. Sou muito jovem e inexperiente. Diante dele, o escritor e intelectual, sinto uma cruel falta de vocabulário. Não conheço o termo "pervertido narcísico" nem "predador sexual". Não sei o que é uma pessoa para quem a outra não existe. Ainda penso que só existe a violência física. E G. manipula o verbo como se manipula uma espada. Com uma simples frase, ele pode me dar a estocada final e acabar comigo. É impossível travar um combate com armas iguais.

No entanto, sou grande o bastante para entrever a impostura da situação e compreender que todos os seus juramentos de fidelidade, suas promessas de deixar em mim a mais maravilhosa das lembranças, não passavam de mais uma mentira a serviço da sua obra e dos seus desejos. Agora me surpreendo a odiá-lo por me prender nessa ficção que não acaba nunca, livro após livro, e por meio da qual ele sempre se dará o melhor papel: um fantasma inteiramente preso em ego e que, em breve, será julgado em praça pública. Não suporto mais que tenha feito da dissimulação e da mentira uma religião, do seu trabalho de escritor um álibi para justificar sua dependência psicológica. Não me deixo mais enganar pelo seu jogo.

Agora, a mínima coisa que eu diga é usada contra mim. O diário dele passou a ser o meu pior inimigo, o filtro pelo qual G. peneira a nossa história e a transforma numa paixão doentia da qual eu sou a única artesã. Ao simples sinal de reprovação, ele corre para pegar a pena: "Você não perde por esperar, minha linda, olha só o seu maldito retrato no meu caderninho preto!"

Agora revoltada e sem ter mais a beatitude de ir me enfiar nos seus lençóis no intervalo entre uma aula e outra, ele precisa se livrar de mim. Pela força do que escreve — ele faz da "pequena V." uma menina instável, consumida pelo ciúme —, conta o que lhe dá na telha. Agora não sou mais que uma personagem em *sursis*, como as meninas anteriores, que ele não tardará a apagar das páginas do seu maldito diário. Para seus leitores, são apenas palavras, literatura. Para mim, é o começo de um colapso.

Mas o que vale a vida de uma adolescente anônima diante de uma obra literária de um ser superior?

Sim, o conto de fadas está chegando ao fim, o encanto acabou e o príncipe encantado mostrou sua verdadeira face.

Uma tarde, ao voltar do colégio, encontro o quarto de hotel vazio. G. estava se barbeando no banheiro. Ponho minha mochila numa cadeira e me sento na beirada do colchão. Um dos seus caderninhos pretos está negligentemente jogado sobre a cama. Aberto na página em que G. acabou de assentar algumas linhas com a tinta azul-turquesa que se tornou a sua marca: "Quatro e meia. Fui buscar Nathalie na saída da escola. Quando ela me viu, do outro lado da rua, na calçada em frente, seu rosto se iluminou. No meio dos outros jovens que a cercavam, ela parecia brilhar como um anjo... Passamos um momento delicioso, divino, ela está muito apaixonada. Não ficarei surpreso se essa menina adquirir, no futuro, mais importância nesses cadernos".

Enquanto essas palavras saem do papel para me cercarem tal qual uma nuvem de demônios, o mundo todo desmorona à minha volta, os móveis do quarto se transformando em ruínas fumegantes, cinzas que flutuam no ar que se tornou irrespirável.

G. sai do banheiro. Ele me encontra aos prantos, com os olhos vermelhos, apontando com incredulidade o caderno entreaberto. Empalidece. Depois, com muita raiva, explode:

— Como ousa fazer uma cena, perturbar o meu trabalho, quando estou em plena tarefa de escrever o meu romance? Já passou pela sua cabeça a pressão que sofro em um momento assim? O tanto de energia e de concentração que preciso ter para escrever? Você não tem ideia do que é ser um artista, um criador. Não tenho que assinar o ponto na fábrica, concordo, mas os tormentos pelos quais eu passo quando escrevo, não, você não tem ideia do que é isso! O que você leu é só o rascunho de um futuro romance, não tem nada a ver com nós dois, nada a ver com você.

Essa mentira é demais. Por mais que eu tenha apenas quinze anos, não posso deixar de ver nisso um insulto à minha inteligência, uma negação de toda a minha pessoa. Essa traição de todas as suas belas promessas, essa revelação de sua verdadeira natureza, me transpassam como um punhal. Não há mais nada para salvar entre nós. Eu fui enganada, ludibriada, abandonada à minha própria sorte. E só posso culpar a mim mesma. Passo por cima do parapeito da janela, prestes a pular no vazio. Ele me segura no último instante. Saio, batendo a porta.

Eu sempre tive uma propensão a vagar pelas ruas e uma atração incompreensível pelos mendigos, com os quais converso na menor ocasião. Percorro o bairro por várias horas em um estado de embrutecimento completo em busca de uma alma-irmã, de um ser humano com quem falar. Eu me sento debaixo de uma ponte, ao lado de um velho maltrapilho, e me desfaço em lágrimas. O homem só levanta uma sobrancelha e resmunga algumas palavras numa língua desconhecida. Ficamos um tempo em silêncio olhando passarem as balsas, depois retomo o meu caminho, sem um destino preciso.

Maquinalmente eu me vejo diante de um prédio luxuoso, onde um amigo de G. mora no primeiro andar, um filósofo de ascendência romena ao qual ele me apresentou como o seu mentor no começo do nosso relacionamento.

Suja, com os cabelos desgrenhados e traços de fuligem no rosto após me arrastar pelas ruas do bairro onde cada livraria, cada linha da calçada, cada árvore me faz lembrar de G., entro no saguão. Trêmula, com terra debaixo das unhas, encharcada de suor, devo parecer uma jovem índia que acabou de dar à luz atrás de um arbusto. Sem fazer barulho, mas com o coração batendo forte, subo os degraus da escada coberta com um tapete escuro, toco a campainha, corando, os soluços presos na garganta. Uma senhora baixinha e de certa idade abre a porta com um olhar complacente. Digo que sinto muito incomodar, mas que gostaria de ver o marido dela, se ele estiver em casa, e a esposa de Emil leva um susto ao ver o estado de minhas roupas. "Emil, é a V., a amiga do G.!", ela grita através do apartamento, depois enverada por um corredor que leva à cozinha e, pelo som metálico que se ouve de lá, adivinho que está pondo água para ferver, com certeza para fazer um chá.

Cioran entra na sala, ergue uma sobrancelha — sinal de espanto discreto, mas eloquente — e me convida a sentar. Não precisa de mais nada para as lágrimas brotarem como uma enxurrada. Choro como um bebê à procura da mãe e tento lamentavelmente enxugar na manga a secreção que escorre do meu nariz, quando ele me estende um lenço bordado.

Essa confiança cega que me levou à casa dele só se deve a uma coisa: à semelhança com o meu avô, ele também nascido nos países do Leste, os cabelos brancos penteados para trás com duas entradas bem pronunciadas no alto da cabeça, os olhos azuis penetrantes, o nariz aquilino e um sotaque muito acentuado (tzuave? tchocolate?, no momento de servir o chá).

Não consegui ler nenhum dos seus livros por inteiro, embora curtos porque são compostos principalmente de aforismos, mas dizem que ele é um "niilista". E, de fato, nesse registro, ele não vai me decepcionar.

— Emil, eu não aguento mais — gaguejo entre dois soluços. — Ele diz que eu sou maluca, e vou acabar ficando mesmo, se ele continuar. Suas mentiras, seus desaparecimentos, essas meninas que não param de bater na porta dele, e até esse quarto de hotel onde me sinto prisioneira. Não tenho mais ninguém com quem falar. Ele me afastou dos meus amigos, da minha família...

— V. — ele me corta em um tom sério —, o G. é um artista, um grande escritor, o mundo vai se dar conta disso algum dia. Ou talvez não, quem sabe? Você o ama, tem que aceitar a personalidade dele. Ele não vai mudar nunca. Ele te honrou ao te escolher. O seu papel é acompanhá-lo no caminho da criação e se dobrar aos caprichos dele. Sei que ele te adora. Mas muitas vezes as mulheres não compreendem aquilo de que um artista precisa. Sabia que a mulher do Tolstói passava os dias batendo à máquina o manuscrito que o marido escrevia à mão, corrigindo sem descanso os mínimos erros, com total abnegação? O amor que a mulher de um artista lhe deve impõe sacrifício e desprendimento.

— Mas, Emil, ele mente para mim o tempo todo.

— A mentira *é* literária, cara amiga! Você não sabia?

Eu não acredito no que ouço. É ele, o filósofo, o sábio, que profere essas palavras. Ele, a autoridade suprema, que pede a uma menina de apenas quinze anos para pôr a vida dela entre parênteses a serviço de um velho pervertido? De encerrá-la de uma vez por todas? A visão dos dedinhos gorduchos da mulher de Cioran na alça do bule de chá me absorve por inteiro e retém a enxurrada de injúrias que me queimam os lábios. Toda embonecada, com os cabelos azulados combinando com o gracioso colete, ela assente silenciosamente a cada palavra do marido. Quando moça, ela foi uma artista em voga. Depois, parou de trabalhar em filmes. Nem é preciso perguntar em que momento. Embora seja difícil de acreditar, a única frase clara e sensata que Emil consentiu em me dizer é que G. jamais mudaria.

Às vezes, de tarde, depois da aula, eu cuido de um menino, filho de uma vizinha da minha mãe. Faço os deveres com ele, dou banho, preparo o jantar, brinco um pouco, depois o ponho para dormir. Quando a mãe dele sai para jantar fora, um rapaz me substitui.

Youri tem vinte e dois anos, estuda direito, toca saxofone e trabalha o restante do tempo para pagar seus estudos. Coincidência ou não, ele também tem ascendência russa pelo lado paterno. Nós só nos cruzamos. Trocamos um cumprimento rápido e conversamos um pouco, pelo menos no início. No entanto, com o passar das semanas, eu me demoro cada vez mais para sair. E com isso cada vez mais nos aproximamos.

Uma noite, ficamos os dois na janela, vendo a noite cair. Youri me pergunta se tenho namorado e eu me deixo levar pelas confidências, depois, timidamente, acabo lhe contando minha situação. Mais uma vez falo de mim como uma prisioneira. Aos quinze anos estou perdida num labirinto, incapaz de encontrar meu caminho numa existência cotidiana que só gira em torno de brigas e reconciliações feitas em cima de uma cama, os únicos momentos em que ainda posso me sentir amada. A loucura fica à minha espreita quando, nos raros momentos em que ainda passo em sala de aula, eu me comparo com meus colegas, que voltarão tranquilamente para casa para ouvir seus discos do Daho e do Depeche Mode, comendo uma tigela de cereais, enquanto eu continuo a satisfazer o desejo sexual de um senhor mais velho que o meu pai, porque em mim o medo do abandono supera a razão, e eu teimo em acreditar que essa anormalidade faz de mim alguém interessante.

Ergo os olhos para Youri. A raiva avermelhou seu rosto e uma violência da qual eu o julgaria incapaz deforma seus traços. Mas é com uma doçura inesperada que ele pega minha mão e acaricia meu rosto.

— Você percebe a que ponto esse cara se aproveita de você e te faz mal? Você não é culpada, ele é! E também não é louca nem prisioneira. Você só precisa recuperar a autoconfiança e largar esse cara.

G. percebe que estou lhe escapando. Sentir que não dependo mais dele lhe é insuportável, e isso é visível. No entanto, eu não lhe contei nada da minha conversa com Youri. Pela primeira vez, G. me convida para acompanhá-lo às Filipinas. Ele quer me provar que esse país não tem nada a ver com o antro do diabo que ele descreveu em seus livros. Sobretudo, quer ir para longe comigo, para o outro lado do mundo, *anywhere out of the world*. Para nos reencontrarmos, nos amarmos de novo como no primeiro dia. Fico atônita. Aceitar me aterroriza e, no entanto, tenho uma vontade irreprimível de ir, talvez na esperança absurda de ver o meu pesadelo se dissipar e descobrir que todas as descrições que dão vontade de vomitar e que estão em alguns dos seus livros não passam de fantasias terríveis, provocações e bravatas. Que o comércio de crianças não existe em Manila. Que nunca existiu. No fundo, sei muito bem que não é nada disso, que ir com ele seria loucura. Será que ele vai me pedir para compartilharmos nossa cama com um menino de onze anos? De qualquer modo, minha mãe, a quem ele ousou fazer esse pedido insensato, teve a presença de espírito de recusar categoricamente. Eu sou menor de idade e não sairei do país sem a autorização dela. Essa frase me tira um peso enorme.

Há algum tempo, G. não para de insistir nessa defasagem entre ficção e realidade, entre seus escritos e a vida de verdade, que eu seria incapaz de perceber. Ele tenta despistar, desnortear esse sexto sentido que me permite cada vez mais detectar suas mentiras. Aos poucos descobri a extensão do seu talento para manipular, a montanha de fabulações que ele é capaz de erguer entre mim e ele. G. é um estrategista excepcional, um calculista sem limites. Toda a sua inteligência é voltada para a satisfação de seus desejos e a transposição disso para um de seus livros. Só essas duas motivações guiam verdadeiramente seus atos. Gozar e escrever.

Uma ideia maliciosa começa a germinar em minha mente. Uma ideia ainda mais insuportável porque é perfeitamente plausível, de uma lógica irrefreável até. Desde que surgiu, ela se mostra tenaz.

G. é a única pessoa à nossa volta de quem eu nunca suspeitei de ter escrito aquela série de cartas anônimas. Sua frequência e indiscrição conferiram ao início da nossa história de amor um caráter muito perigoso, muito romanesco: sozinhos contra todos, unidos contra a ira das pessoas de bem, tivemos que desafiar as suspeitas da polícia, nos esquivar de seu olhar inquisidor, mas também suspeitar de todas as pessoas que me cercam, que se tornaram um único inimigo, um monstro munido de mil pares de olhos invejosos apontados para nós. A quem melhor do que G. essas cartas haviam beneficiado? Depois de nos haver ligado um ao outro mais do que o ódio entre famílias sicilianas, depois de me afastar definitivamente de qualquer pessoa que fosse minimamente crítica em relação a ele, G. poderia reciclá-las em seu próximo romance e publicá--las integralmente em seu diário (aliás, foi o que ele fez). É bem verdade que o jogo era perigoso. Ele corria o risco de ser preso. Mas valia a pena, que peripécia, que lance teatral, que material para uma obra literária! Em caso de prisão, ele podia contar com a minha impetuosidade para clamar o meu amor, reivindicar com alarde o casamento num país mais tolerante, exigir a minha emancipação, alertar as autoridades e celebridades para defender a nossa causa... Que resplendor teria sido! Em vez disso, os policiais se mostraram menos desconfiados do que o previsto, as pessoas de bem haviam retomado o curso de suas vidas sem se preocupar com a "pequena V.", e os raros acessos de indignação aos poucos foram diminuindo à nossa volta. Pensando bem, agora me parece, com uma evidência talvez enganosa, que foi nesse exato período, quando a polícia soltou as rédeas, que o tédio e um início de desinteresse pela nossa história, inicialmente imperceptíveis, insinuaram-se nele.

Uma vez, só uma única vez, eu me arrisco a lhe fazer uma pergunta que até então nunca me havia atravessado o espírito. Essa pergunta insólita se impôs apesar da minha pouca idade, ou talvez precisamente *em razão* da minha juventude. Agora que ela está aqui, agitando-se dentro de mim, eu me agarro a ela como a uma boia salva-vidas, porque ela me dá a esperança de me reconhecer um pouco em G. Essa pergunta, por mais delicada que seja, eu preciso fazer sem baixar os olhos, sem tremer, sem recuar.

Estamos compartilhando um momento de calma e intimidade, deitados um ao lado do outro, no nosso quarto de hotel de condenados. Um momento sem brigas, sem reclamações, sem lágrimas nem portas que batem. Alguma coisa de triste se instalou entre nós. A certeza de que o fim se aproxima, o desgaste de nos ofendermos sem cessar. Quando G. passa a mão no meu cabelo, eu digo:

— Na sua infância ou adolescência, teve algum adulto que desempenhou esse papel de *iniciador*? — Voluntariamente, eu me abstenho de pronunciar palavras como "estupro", "abuso" ou "agressão" sexuais.

Para minha grande surpresa, G. me confessa que, sim, houve alguém, uma vez, quando ele tinha treze anos, um homem, amigo da família. Não há nenhum sentimento nessa revelação. Nem a menor emoção. E acho que não me engano ao escrever que também não há nenhuma pista dessa lembrança em seus livros. No entanto, é um elemento autobiográfico especialmente esclarecedor. Como eu havia percebido, à minha custa, o procedimento literário de G. sempre tivera por objetivo distorcer a realidade para a maneira mais lisonjeira em relação a ele. Nunca revelar a menor parcela de verdade sobre ele mesmo. Ou, então, com muita indulgência e alegando uma verdadeira honestidade. Esse ínfimo momento de sinceridade, essas palavras inesperadas que circulam entre nós, é um presente que ele me dá sem saber. Volto a ser uma pessoa completa, não sou mais apenas o objeto do seu prazer, sou aquela que guarda uma parcela secreta de sua história, aquela que, talvez, possa entendê-lo sem o julgar.

Aquela que pode compreendê-lo melhor que ninguém.

A presença complacente e as atenções de Youri, alguns raros amigos fiéis dos quais, no entanto, me afastei há dois anos e que agora me reconcilio timidamente, o desejo de ir dançar e rir com as pessoas da minha idade começam a prevalecer sobre o domínio de G. Os laços se desfazem, e a selva do reino maléfico dá lugar a um outro mundo onde, contra qualquer expectativa, o sol brilha e só espera por mim para que a festa comece. G. viajou por um mês. Precisa avançar na escrita do novo livro. "Em Manila, não vai ter nenhuma distração", ele me jurou hipocritamente. Youri me pressiona todos os dias para deixar G., mas foi impossível enfrentá-lo antes de sua partida. Do que eu tenho medo? Aproveito sua ausência para lhe escrever. A nossa história vai acabar como começou: por meio de uma carta. No fundo, sinto que ele espera essa ruptura. Que até a deseja. "Uma estratégia ímpar", eu lhe disse.

No entanto, acontece o inverso. Ao voltar das Filipinas, ele escreve que minha carta o devastou. Ele não compreende. Eu ainda o amo, cada uma das palavras que emprego trai os meus sentimentos. Como pude passar um risco na nossa história, a mais bela, a mais pura de todas? Ele me assedia com telefonemas, cartas, me vigia de novo na rua. Minha decisão de romper o revolta. Ele só ama a mim. Não existe nenhuma outra menina. Quanto às Filipinas, ele jura ter sido de uma castidade irrepreensível. Mas não se trata mais disso. Estou pouco ligando para ele e suas escapadelas. É minha redenção que eu busco, não a dele.

Quando anuncio à minha mãe que deixei G., inicialmente ela fica sem voz, depois me diz com um ar entristecido:
— Coitado, tem certeza? Ele adora você!

V

Marca profunda

> É curioso em um primeiro amor, se, pela fragilidade
> em que nos deixa o coração, abre caminho aos amores
> seguintes, não nos dê, ao menos pela identidade mesma
> dos sintomas e dos sofrimentos, o meio de curá-los.*
>
> — Marcel Proust, *A prisioneira*

Farto de lutar, G. parou de me perseguir com suas cartas, com os telefonemas para minha mãe, a quem, até então, ele suplicava, a qualquer hora do dia ou da noite, para eu não cortar relações com ele.

Youri passou a ocupar um lugar na minha vida. Ele me deu coragem para romper e resistir às frenéticas tentativas de G. para me fazer voltar atrás na minha decisão. Tenho dezesseis anos e me mudei para a casa de Youri, que ainda divide um pequeno apartamento com sua mãe. A minha não se opôs à

---

* Tradução de Manuel Bandeira e Lourdes Sousa de Alencar. 13ª ed. São Paulo: Globo, 2011.

mudança. Nossas relações não são das melhores. Frequentemente eu a recrimino por não ter me protegido o suficiente. Ela responde que o meu ressentimento é injusto, pois ela só respeitou a minha vontade, deixando-me viver como eu bem entendia.

— Era você que dormia com ele e sou eu quem tem que pedir desculpa? — ela me disse certo dia, rispidamente.

— Mas o fato de eu quase não ter ido à escola e de quase ter sido expulsa do colégio era um sintoma! Será que você não percebeu que nem tudo estava o melhor possível no melhor dos mundos?

Mas era impossível dialogar. Logicamente, se ela aceitou a minha relação com G., foi porque me considerava uma pessoa adulta. Consequentemente, cabia a mim assumir as minhas escolhas.

Daqui para a frente eu só tenho um desejo: retomar uma vida normal, uma vida de adolescente da minha idade, principalmente não arrumar confusão, ser como todo mundo. Agora as coisas deveriam ser mais fáceis. Já estou no colegial. Vou voltar para as aulas, não me importar com os olhares dissimulados de alguns alunos, nem para os rumores que começam a surgir entre os professores: "Ei, você viu a menina que acabou de entrar no primeiro colegial? Dizem que G. M. ia buscá-la todos os dias na saída da escola, foram os colegas do Prévert que me contaram... Já imaginou? E os pais deixavam!" Um dia, quando eu estava tomando café no balcão de um bistrô onde os alunos passavam o tempo entre uma aula e outra, um professor parou ao meu lado. Ele me disse que sou alvo de fofoca na sala dos professores. "É você a menina que saía com G. M.? Sou um admirador dele. Li todos os seus livros."

Seria um grande prazer lhe responder: "Ah, sim, seu nojento..." Mas eu precisava começar a ser bem-vista. Sorrio educadamente, pago e saio, tentando esquecer o olhar concupiscente em meus seios.

Não é fácil refazer uma virgindade.

Um outro dia, um cara me para numa ruazinha, perto da minha escola. Ele sabe o meu nome. Conta que me viu várias vezes no bairro com G. alguns meses atrás. Derrama em cima de mim um caminhão de obscenidades, exagera tudo o que eu, agora, devo saber fazer na cama, graças a G. Uma verdadeira heroína de Sade!

Nada excita mais alguns velhos do que a ideia de uma menina totalmente depravada.

Fujo correndo e chego na classe em lágrimas.

Youri faz o que pode para combater meus acessos de melancolia que ele começa a achar pesados para carregar, ainda mais porque lhe parecem injustificados. "Olhe para você, você é jovem, tem a vida toda pela frente. Sorria!" Só que não passo de uma bola de raiva que se mata para fingir que está tudo bem e preciso dar o troco. Tento silenciar essa raiva, escondendo-a e dirigindo-a contra mim. A culpada sou eu. A perdida, a puta, a biscate, a cúmplice de um pedófilo, que apoia com suas cartas de menina apaixonada os voos que partem para Manila com canalhas que se masturbam com fotos de escoteiros. E, quando não posso mais disfarçar todo esse desespero, mergulho em estados depressivos, só desejando uma coisa: desaparecer da face da Terra.

Talvez só Youri seja capaz de ver isso. Ele me ama com toda a impetuosidade dos seus vinte e dois anos, mas do que mais gosta é de fazer amor. Como não gostar dele?

Nessa época, em relação a sexo, oscilo entre a supremacia e a abulia. Às vezes sou atravessada por um sentimento de embriaguez, por todo esse poder. É tão fácil deixar um homem feliz! De repente, no momento de gozar, eu me desfaço em lágrimas sem razão aparente. Felicidade demais, é tudo o que encontro para dizer quando ele se preocupa com os meus soluços. Por dias inteiros não suporto que ele me toque. E depois o ciclo infernal recomeça, eu me lembro da minha missão neste mundo: dar prazer aos homens. Essa é a minha condição, o meu *status*. Então eu ofereço de novo os meus préstimos, com zelo e uma convicção dissimulada, na qual eu acabo acreditando. Eu finjo. Finjo gostar de fazer amor, finjo ter prazer, saber o que significam todos esses gestos. No fundo, tenho vergonha de fazê-los com tanta naturalidade, sendo que outras meninas estão nas suas primeiras trepadas. Sinto que pulei uma etapa. Eu fui muito rápido, muito cedo, e não com a pessoa certa. Todos os momentos de intimidade, eu preferia tê-los vivido com Youri pela primeira vez. Preferia que ele tivesse sido meu iniciador, meu primeiro amante, meu primeiro amor. Mas não ouso confessar. Ainda não tenho confiança suficiente em mim, nem nele.

E sobretudo não posso lhe dizer que a imagem impossível de eliminar é a de que, todas as vezes que fazemos amor, é com G. que estou fazendo.

No entanto, G. prometera deixar em mim a mais maravilhosa de todas as lembranças.

Durante anos, por mais atenciosos que fossem os rapazes com os quais eu tentava manter relações sexuais sem alguma tristeza, não conseguia voltar até onde Julien e eu havíamos parado: reencontrar aquele momento de descoberta inocente, de prazer compartilhado, de igual para igual.

Mais tarde, com um pouco mais de maturidade e coragem, optei por uma estratégia diferente: dizer toda a verdade, confessar que eu me sinto como uma boneca sem desejo, que ignora como funciona o próprio corpo, que só aprendeu uma coisa: a ser instrumento para os jogos de amor que lhe são desconhecidos.

Todas as vezes, essa revelação termina em rompimento. Ninguém gosta de brinquedos quebrados.

Em 1974, ou seja, doze anos antes de nos conhecermos, G. publica um ensaio intitulado *Les moins de seize ans* (Os menores de dezesseis anos), uma espécie de manifesto a favor da liberdade sexual de menores, o que provocou um escândalo ao mesmo tempo que lhe rendeu notoriedade. Com esse panfleto extremamente corrosivo, G. acrescenta a sua obra uma dimensão sulfúrea que aumenta o interesse pelo seu trabalho. Considerado por seus amigos um suicídio social, pelo contrário, é esse texto que fará sua carreira alavancar, tornando-o conhecido do grande público.

Eu só li seus livros e compreendi o alcance deles muitos anos depois da nossa separação.

Nessa obra, G. defende, principalmente, a tese segundo a qual a iniciação sexual dos jovens por uma pessoa mais velha seria um benefício que a sociedade deveria encorajar. Essa prática, aliás propagada na Antiguidade, seria a garantia do reconhecimento de uma liberdade de escolha e dos desejos dos adolescentes.

"Os muito jovens são tentadores. São, também, tentados. Eu nunca consegui, nem por artimanha nem pelo uso da força, um único beijo, uma única carícia", escreve G. No entanto, ele se esquece de que, todas as vezes, esses beijos e essas carícias foram cunhados em países pouco exigentes sobre a prostituição de menores. Se acreditarmos nele, na descrição feita em seus caderninhos pretos, poderíamos até pensar que as crianças filipinas se jogam em cima dele por pura gula, como se jogariam em cima de um grande sorvete de morango. (Ao contrário de todos os pequenos burgueses ocidentais, em Manila, as crianças são livres.)

O livro *Les moins de seize ans* milita pela completa liberalização dos costumes, uma abertura das mentes que, enfim, autorizariam os adultos a desfrutar não "do" adolescente, é claro, mas "com" o adolescente. Belo projeto. Ou será um sofisma da pior espécie? Seja nessa obra ou na petição que G. publica três anos depois, quando olhamos de perto, não são os interesses dos adolescentes que ele defende. Mas o dos adultos "injustamente" condenados por terem tido relações sexuais com eles.

O papel de benfeitor que G. ama se dar nos livros consiste numa iniciação dos jovens aos prazeres do sexo por um profissional, um especialista emérito, em resumo, ouso dizer, por um *expert*. Na realidade, esse excepcional talento se limita a não fazer o seu parceiro sofrer. E quando não há sofrimento nem coação, todos sabem, não há violação. A dificuldade da iniciativa consiste em respeitar essa regra de ouro, sem nunca derrogá-la. Uma violência física deixa uma lembrança contra a qual é possível se revoltar. É atroz, mas substancial.

O abuso sexual, ao contrário, apresenta-se de maneira insidiosa e deturpada, sem que se tenha clara consciência dele. Aliás, nunca se fala de "abuso sexual" de adultos. De abuso da "fraqueza", sim, em relação a uma pessoa idosa, por exemplo, uma pessoa dita *vulnerável*. A *vulnerabilidade* é exatamente esse ínfimo interstício pelo qual os perfis psicológicos, tais como o de G., podem se imiscuir. É o elemento que torna a noção de consentimento tão tangente. De modo geral, nos casos de abuso sexual ou de abuso da fraqueza, encontramos uma mesma negação da realidade: a recusa de se considerar uma vítima. E, de fato, *como admitir que se foi abusado, quando não se pode negar ter sido concordante?* Quando, nesse caso, sentimos desejo por esse adulto que se apressou em se aproveitar de nós? Durante anos, me debati com essa noção de vítima, incapaz de me reconhecer nela.

A puberdade e a adolescência — G. tem razão nesse ponto — são momentos de uma sensualidade explosiva: o sexo está em tudo, o desejo transborda, invade, se impõe como uma enxurrada, precisa ser satisfeito sem demora e só espera um encontro para ser compartilhado. Mas certas disparidades são irredutíveis. Apesar da boa vontade do mundo, um adulto continua sendo um adulto. E o seu desejo, uma armadilha na qual ele prende um adolescente. Como um e outro podem estar no mesmo nível de conhecimento de seu corpo e de seus desejos? Além do mais, um adolescente vulnerável sempre vai procurar o amor *antes* da satisfação sexual. E, em troca de sinais de afeto aos quais aspira (ou da soma de dinheiro que falta à sua família), ele vai aceitar ser um objeto de prazer, renunciando assim, por muito tempo, a ser o titular, o ator e o dono da sua sexualidade.

O que caracteriza os predadores sexuais, em geral, e os pedófilos criminosos, em particular, é a negação da gravidade de seus atos. Eles têm o costume de se apresentar seja como vítimas (*seduzidos* por uma criança ou uma mulher provocante), seja como benfeitores (que fizeram um *bem* às suas vítimas).

Em *Lolita*, o romance de Nabokov, que li e reli depois de conhecer G., vemos, ao contrário, confissões desconcertantes. Humbert escreveu sua confissão das profundezas do hospital psiquiátrico onde não tardou a morrer, pouco antes de seu processo. E ele estava longe de ser condescendente consigo mesmo.

Lolita teve sorte de obter ao menos essa reparação, o inegável reconhecimento da culpa de seu padrasto, o reconhecimento pela própria voz daquele que roubou sua juventude. Pena que ela já estivesse morta no momento dessa confissão.

Ouço sempre dizerem, nesses tempos de pretensa "volta ao puritanismo", que uma obra como a de Nabokov, se publicada hoje em dia, necessariamente entraria em conflito com a censura. No entanto, me parece que *Lolita* é tudo, menos uma apologia da pedofilia. Ao contrário, é a condenação mais forte e eficaz que podemos ler sobre esse assunto. A propósito, sempre duvidei que Nabokov possa ter sido pedófilo. Evidentemente, esse interesse persistente por um assunto tão subversivo — com o qual ele se envolveu duas vezes, a primeira em sua língua natal com o título de *O encantador*, e muitos anos depois, em inglês, com a *Lolita* icônica, de sucesso mundial — tem como despertar suspeitas. Pode ser que Nabokov tenha lutado contra certas inclinações. Não sei nada sobre isso. No entanto, apesar de toda perversidade inconsciente de Lolita, apesar de seus jogos de sedução e de suas atitudes provocantes de jovem atriz, Nabokov nunca tenta fazer Humbert se passar por um benfeitor, e menos ainda por uma pessoa de bem. O relato que ele faz da paixão do seu personagem por ninfetas, paixão incontrolável e doentia que o tortura ao longo da vida, é, ao contrário, de uma lucidez implacável.

Nas obras de G., estamos longe de qualquer contrição e até mesmo de qualquer questionamento. Não existe nenhum traço de arrependimento, nenhum remorso. Quando o lemos, sentimos que ele veio ao mundo praticamente para proporcionar aos adolescentes o desabrochar que uma cultura tacanha lhes nega, para abri-los para si mesmos, para revelar a sensualidade deles e desenvolver a capacidade de dar e de *se dar*.

Tanta abnegação mereceria uma estátua no Jardim de Luxemburgo.

Com G., descubro, à minha custa, que os livros podem ser uma armadilha na qual encerramos aqueles que pretendemos amar e que se tornam o instrumento mais contundente da traição. Como se sua passagem pela minha vida não me houvesse devastado o suficiente, é preciso que ele a documente, que falsifique, que registre e grave para sempre os seus malefícios.

A reação de pânico dos povos primitivos diante da captura da imagem deles pode ser motivo de riso. Esse sentimento de ser apanhado numa representação enganosa, numa versão redutora de si mesmo, num clichê grotesco e caricato, eu entendo melhor que ninguém. Apossar-se com tamanha brutalidade da imagem do outro é lhe roubar a alma.

Entre meus dezesseis e vinte e cinco anos, aparecem sucessivamente nas livrarias, num ritmo que não dá trégua, os romances de G. dos quais supostamente eu era a heroína; depois o volume do seu diário que cobre o período do nosso relacionamento, com algumas das minhas cartas escritas aos catorze anos; com dois anos de intervalo, a versão de bolso desse mesmo livro; uma coletânea de cartas de rompimento, entre elas a minha; sem contar os artigos de jornais e as entrevistas de televisão nos quais ele se delicia com meu nome. Mais tarde, sairá ainda outro volume de seus caderninhos pretos, em que ele volta obsessivamente à nossa separação.

Cada uma dessas publicações, qualquer que seja o contexto no qual eu as descubro (sempre há uma pessoa bem-intencionada para fazer com que eu saiba), aproxima-se muito da perseguição. Para o restante do mundo, é o um bater de asas de borboleta sobre um lago tranquilo; para mim, é um terremoto, abalos invisíveis que derrubam todas as fundações, uma lâmina de punhal plantada numa ferida nunca cicatrizada, cem passos para trás no avanço que eu pensava ter feito na vida.

A leitura do volume do seu diário, consagrado em grande parte à nossa ruptura, provoca em mim uma crise de angústia extraordinária. G. agora instrumentaliza a nossa relação, expondo-a publicamente pelo prisma mais vantajoso para ele. Seu projeto de lavagem cerebral é maquiavélico. Nesse diário, ele transforma a nossa história numa ficção perfeita. A do libertino convertido em santo, a do pervertido curado, a do infiel que adquiriu um bom comportamento, ficção escrita, mas jamais vivida, publicada com a defasagem necessária, isto é, pelo tempo em que a vida é devidamente dissolvida no romance. Eu sou a traidora, a que arruinou esse amor ideal, a que estragou tudo ao se recusar a acompanhar essa mudança. A que não quis *acreditar* nessa ficção.

Fico estarrecida com a recusa dele em ver que esse amor trazia em si o próprio fracasso, desde o primeiro minuto, que ele não tinha nenhum futuro possível, pois G. só podia amar em mim um momento fugaz e transitório: a minha adolescência.

Leio essas páginas num só fôlego, em transe, um transe mesclado de raiva e impotência, horrorizada com tantas mentiras e tanta má-fé, a enorme propensão a se vitimar e se inocentar de qualquer culpa. Termino os últimos capítulos em apneia, como se forças invisíveis me pressionassem o plexo e a garganta. Toda a energia vital abandonou o meu corpo, absorvida pela tinta desse livro abjeto. Só uma injeção de Valium para vencer a crise.

O que descubro também é que, apesar de minha total recusa em entrar em contato com G. de novo, ele continua insidiosamente se mantendo informado sobre a minha vida. Por quem, eu não sei. Em algumas páginas do seu diário, ele até insinua que desde a nossa separação eu estou sob a influência de uma droga que me levará à mais sinistra decadência, como profetizou quando o deixei. No entanto, ele, o meu protetor, tentou me afastar dos perigos inerentes à minha pouca idade.

Assim, G. justifica o seu papel na vida das adolescentes que consegue seduzir. Ele as impede de se tornarem putas, escórias da sociedade. São muitas as pobres meninas perdidas cuja vida ele tentou salvar, em vão!

Nessa época, ninguém me disse que eu poderia registrar uma queixa, atacar o editor, que não tinha o direito de publicar minhas cartas sem o meu consentimento, nem expor a vida sexual de uma menor no momento em que os fatos aconteceram, tornada reconhecível por seu nome, pela inicial do seu sobrenome e por outros mil pequenos detalhes. Pela primeira vez, começo a me sentir vítima, sem conseguir pôr essa palavra em um estado difuso de impotência. Também tenho um vago sentimento de não somente ter saciado as pulsões sexuais de G. durante toda a nossa relação, mas de lhe servir, agora, de coadjuvante, permitindo, contra minha vontade, que ele continue a difundir sua propaganda literária.

Depois da leitura desse livro, tenho o sentimento profundo de uma vida arruinada antes de ter sido vivida. Nele, a minha história é riscada com um traço de caneta, conscienciosamente apagada, depois revisada, claramente reescrita, numa tiragem de milhões de exemplares. Que relação pode ter essa personagem de papel totalmente inventada com o que sou na realidade? Ter me transformado numa personagem de ficção, sendo que a minha vida de adulta ainda não tomou forma, é me impedir de abrir as asas, é me condenar a ficar paralisada numa prisão de palavras. G. não pode ignorar isso. Mas suponho que, realmente, ele está pouco se importando.

Ele me imortalizou, do que eu posso reclamar?

Os escritores são pessoas que nem sempre conseguem ser conhecidas. Estaríamos errados em acreditar que são como todo mundo. Eles são bem piores.

São vampiros.

Para mim acabou qualquer veleidade literária.

Eu paro de escrever meu diário.

Eu me afasto dos livros.

Nunca mais pretendo escrever.

Como era previsível, todos os esforços para eu me reequilibrar fracassam. As crises de angústia voltam a galope. Eu falto de novo às aulas, constantemente. Depois de duas advertências por faltas, a diretora do colégio, uma mulher que até então se mostrara de uma surpreendente condescendência, me chama à sua sala.

— Sinto muito, V., mas, apesar de toda a minha boa vontade, não posso continuar te apoiando. Os professores implicaram com você. Pelas suas ausências repetidas, você não aceita a autoridade e nega o papel deles. (E não estão errados, o que eu penso dos adultos está além do que eles imaginam.) Ainda por cima, você dá mau exemplo. Alguns alunos estão começando a imitá-la. É preciso dar um fim a essa situação.

Para evitar a expulsão do colégio, o que mancharia meu currículo, ela me propõe pedir "renúncia" por iniciativa própria e indicar "motivos pessoais", então fazer o meu bac* como

---

* Na França, exame que se faz no fim do terceiro ano do ensino médio, aceito como um vestibular. (N. da T.)

candidata avulsa. Afinal, a escolaridade só é obrigatória até os dezesseis anos.

— Você consegue passar, V. Não me preocupo nem um pouco nesse sentido.

Eu não tenho escolha, aceito. Já estou acostumada a viver fora dos padrões, sem limites ou modelos. E, agora, sem nenhuma exigência de horários do colégio. Não seja por isso. O meu terceiro colegial, vou passar no café, lendo as aulas do CNED* por correspondência.

Passo as noites dançando e me atordoando. Às vezes tenho uns encontros desagradáveis, mas, deles, não guardo nenhuma lembrança. Deixei Youri, a quem não aguento mais fazer passar pelo meu mal-estar, e encontrei outro rapaz, inteligente e carinhoso, mas incrivelmente maltratado pela vida que, como eu, sofre em silêncio e só encontrou paraísos artificiais para expulsar sua melancolia. Eu o imito. Sim, eu vou pelo mau caminho, G. tinha razão. Ele fez de mim uma quase alienada. Tento me encaixar na personagem.

---

* Centro Nacional de Ensino a Distância. (N. da T.)

Aconteceu sem avisar, praticamente da noite para o dia. Eu andava numa rua deserta com uma pergunta incômoda que me martelava a cabeça, uma pergunta que se instalara vários dias antes na minha mente, sem que eu pudesse expulsar: que prova eu tinha de que eu existia? Eu era real? Para ter certeza, comecei por não comer mais. De que adiantava me alimentar? Meu corpo era feito de papel, nas minhas veias só corria tinta, meus órgãos não existiam. Eu era uma fábula. Depois de alguns dias de jejum, senti os primeiros efeitos da euforia que substitui a fome. E uma leveza que nunca havia experimentado. Eu não andava mais, eu deslizava. Se tivesse batido os braços, sem dúvida, teria voado. Não sentia mais falta da comida, nenhuma cãibra no estômago, nem o menor apelo dos sentidos diante de uma maçã ou um pedaço de queijo. Eu não pertencia mais ao mundo material.

E, já que o meu corpo resistia à falta de comida, por que eu precisaria dormir? Do crepúsculo ao amanhecer, eu mantinha os olhos abertos. Nada mais interrompia a continuidade entre o dia e a noite. Até a noite em que fui verificar se o meu reflexo ainda existia, no espelho do banheiro. Curiosamente, sim, ele ainda estava ali, mas o que havia de novo, e fascinante, era que eu via através dele.

Eu estava evaporando, desaparecendo. Sensação atroz, como uma extração do reino dos vivos, mas em câmera lenta. Uma fuga da alma por todos os poros da pele. Passei a andar pelas ruas a noite inteira em busca de um sinal. De uma prova de vida. À minha volta, a cidade, enevoada, feérica, se transformava em cenário de cinema. Se eu erguia os olhos, as grades do jardim público que estavam à minha frente pareciam se mover sozinhas, giravam como uma lanterna mágica, ao ritmo de três ou quatro imagens por segundo, como um piscar de olhos lento e regular. Alguma coisa em mim ainda se rebelava, eu tinha vontade de gritar: "Tem alguém aí?"

Duas pessoas apareceram, de repente, na entrada de um prédio. Carregavam pesadas coroas de flores, com esforço. Seus lábios se mexiam, eu ouvia o som das vozes que se dirigiam a mim, no entanto não percebia nenhum sentido inteligível em suas palavras. Alguns segundos antes, eu achara que o espetáculo de seres vivos ajudaria a me agarrar ao real, mas era ainda pior que a paisagem imóvel da cidade adormecida. Num instante, tão fugaz que eu poderia muito bem ter sonhado, bradei como para me tranquilizar:

— Por favor, sabem que horas são?

— Não existe hora para os covardes — respondeu um deles, com as costas curvadas pelo peso da coroa, cujas cores luminescentes irradiavam em seu braço. Mas, quem sabe, talvez ele tenha dito: "Não existe hora para alarde?"

Uma tristeza esmagadora desabou sobre mim.

Olhei para minhas mãos e pude ver, na transparência, os ossos, os nervos, os tendões, a carne e até as células fervilhando sob a pele. Qualquer um podia ver através do meu corpo. Eu não passava de um monte de fótons em pó. Tudo era falso à minha volta, e eu não era exceção.

Um carro de polícia surgiu da esquina. Dois homens de uniforme desceram. Um deles se aproximou de mim.

— O que está fazendo, assim, andando há mais de uma hora em volta do jardim? Está perdida?

Como eu chorava e recuava, assustada, o homem se virou para o colega, remexeu na parte da frente do veículo e voltou na minha direção, trazendo um sanduíche.

— Está com fome? Vamos, coma isto.

Eu nem ousava me mexer. Foi então que ele abriu as portas de trás do camburão e exclamou:

— Venha se aquecer aqui dentro!

Seu tom de voz pretendia ser tranquilizador, mas, quando ele me indicou um dos bancos laterais, o que vi foi uma cadeira elétrica esperando por mim.

Há quanto tempo eu havia perdido o rastro de mim mesma? Por que acumulara tanta culpa, a ponto de acreditar que merecia a "pena de morte"? Não tinha a menor ideia. Ao menos, foi o que me pareceu quando, de madrugada, eu me vi num hospital esquisito, em que um professor barbudo, visivelmente venerado pelos internos que o escutavam como a um messias, me interrogava, com uma câmera no fundo da sala, sobre a experiência que eu havia acabado de passar e que me havia levado até lá, àquele triste refúgio de loucos ambulantes, delirantes, anoréxicos, suicidas e prostrados.

— Mocinha, você acabou de viver um episódio psicótico, com uma fase de despersonalização — proferiu o homem de barba. — Não se preocupe com a câmera. Antes de mais nada, me conte como chegou até aqui.

— Então tudo isso é verdade? Eu não sou... uma *ficção*?

Depois disso, parece que eu vivi tantas vidas diferentes e fragmentadas, que mal consigo ver uma ligação entre elas. O que ficou para trás está infinitamente longe. Às vezes emerge uma vaga lembrança desse período, que logo desaparece. Eu nunca acabo de me refazer, como dizem. Mas deve ser porque estou agindo de maneira errada. A lacuna continua enorme.

Eu me cuido como posso. Anos de "cura pela palavra". Primeiro com um psicanalista que me salva a vida. Ele não vê nenhum problema no fato de eu suspender os medicamentos prescritos no hospital. E me ajuda a retomar os estudos, apesar de um ano "sabático" depois de passar no bac.

Um milagre: por intermédio de um amigo que advogou a minha causa com a diretora do meu antigo colégio, ela aceitou que eu voltasse para a classe preparatória.* Nunca lhes agradecerei o suficiente. Volto aos trilhos, mas me sinto como uma

---

* Dois anos de curso especializado de nível superior, nos colégios públicos, equivalentes aos dois primeiros anos de faculdade. Depois desses dois anos, os alunos podem prestar um exame para entrar nas Grandes Écoles. (N. da T.)

página em branco. Vazia. Sem consistência. Sempre marcada por um ferro em brasa. Para tentar me integrar de novo, ter uma vida normal, uso uma máscara, me escondo, me enterro.

Algum tempo depois, o mesmo nome, o mesmo sobrenome, o mesmo rosto, é claro, mas isso não tem importância. Em dois ou três anos, refaço minha vida completamente. Mudo de amigos e de namorado, de trabalho, o jeito de me vestir, a cor de cabelo, o modo de falar, mudo até de país.

Quando sondam o meu passado, algumas imagens desfocadas surgem numa espessa nuvem, sem nunca tomarem forma. Não quero deixar rastros nem pegadas. Da infância e da adolescência, não tenho saudades. Flutuo acima de mim mesma, mas nunca onde deveria. Não sei quem eu sou nem o que quero. Eu me deixo levar. Tenho a sensação de ter vivido mil anos.

Nunca falo da "minha primeira vez". E você, com que idade, e com quem? Ah, ah, se você soubesse...

Tenho alguns amigos íntimos, testemunhas da minha história, que raramente falam comigo sobre esse período da minha vida. O passado é passado. Todos temos uma história a superar. A deles também não é fácil.

Conheci muitos homens. Amá-los não era difícil, confiar neles era uma outra história. Sempre na defensiva, muitas vezes lhes atribuí intenções que não tinham: de me usar, me manipular, me enganar, de só pensar neles.

Todas as vezes que um homem tentava me dar prazer ou, pior, ter prazer através de mim, eu precisava lutar contra uma espécie de repulsão, escondida no fundo escuro, prestes a desabar sobre mim, contra uma violência simbólica que eu atribuía a gestos totalmente desprovidos disso.

Precisei de muito tempo para ficar à vontade com um homem sem a ajuda de álcool ou psicotrópicos. Muito tempo para aceitar sem reservas me entregar a outro corpo, de olhos fechados. Para reencontrar o caminho do meu próprio desejo.

Precisei de muito tempo, de anos, para enfim encontrar um homem em quem eu confiasse plenamente.

VI

Escrever

A linguagem sempre foi um tesouro preservado.
Quem possui a linguagem possuirá o poder.

— Chloé Delaume, *Mes bien chères soeurs*

Exerci todos os tipos de atividade antes de ser apanhada pelo mundo da edição. O inconsciente é incrivelmente complicado. Não se consegue escapar de seu determinismo. Depois de fugir deles durante longos anos, os livros voltaram a ser amigos. Faço deles a minha profissão. No fim das contas, os livros são o que eu conheço de melhor.

Sem dúvida, tento às cegas reparar alguma coisa. Mas o quê? Como? Ponho a minha energia a serviço de textos escritos por outros. Inconscientemente ainda procuro respostas, pedaços dispersos da minha história. Espero que assim o enigma se resolva. Onde foi parar a "pequena V."? Alguém a viu em algum lugar? Às vezes, uma voz ressurge das profundezas e me sopra: "Os livros são mentiras". Não a escuto mais, como se alguém houvesse apagado a minha memória. De tempos em tempos, um *flash*. Um detalhe aqui ou ali. Eu penso, "sim, é isso, talvez seja um pedacinho de mim entre essas linhas, atrás dessas palavras". Então eu o recolho. Eu o guardo. Eu me reconstituo. Alguns livros são excelentes remédios. Eu havia me esquecido disso.

Quando finalmente penso que estou livre, G. acha o meu rastro para tentar reavivar o seu domínio. Por mais adulta que eu seja, quando pronunciam o nome de G. na minha frente, fico paralisada e volto a ser a adolescente que eu era no momento em que o conheci. Vou ter catorze anos a vida inteira. Está escrito.

Um dia, minha mãe me entrega uma das cartas que ele continua enviando para a casa dela, pois não sabe onde eu moro. O meu silêncio, a minha recusa de ter qualquer contato com ele, nunca o desencorajaram. Nessa carta, com um desplante inacreditável, ele pede a minha autorização para publicar fotos minhas numa biografia que um de seus admiradores se prepara para lançar numa editora belga. Um amigo meu, advogado, responde da minha parte por uma carta que o advertia. A partir dessa data, se G. persistir, de uma maneira ou de outra, em usar o meu nome ou a minha imagem como parte de uma obra literária, ele responderá a processos judiciais. G. desiste. Finalmente estou a salvo. Por um tempo.

Apenas alguns meses depois, descubro que G. possui um site oficial na internet, no qual se podem ver, além da cronologia de sua vida e de sua obra, fotos de algumas de suas conquistas, entre as quais duas imagens minhas aos catorze anos, e como legenda a inicial "V.", que agora resume a minha identidade (a ponto de eu assinar inconscientemente todos os meus e-mails desse jeito).

O choque é insuportável. Ligo para meu amigo advogado, que me recomenda uma de suas colegas, mais experiente em matéria de direitos de imagem. Pedimos uma certidão judicial, que já me custa uma soma substancial. No entanto, ao fim de uma longa pesquisa, minha nova conselheira me diz que, infelizmente, não há muito o que fazer. O site não está registrado no nome de G., mas no de um webmaster domiciliado em algum lugar da Ásia.

— G. M. se precaveu muito bem para que não pudéssemos lhe atribuir a propriedade do conteúdo hospedado pelo seu testa de ferro, fora de qualquer regulamentação francesa. Juridicamente, o site é obra de um fã e nada mais. É de um cinismo absoluto, mas é inexorável.

— Como um desconhecido que vive na Ásia pôde conseguir fotos minhas aos catorze anos? Fotos que só o G. possui? Não faz sentido!

— Se você não tiver guardado cópias dessas fotos, será difícil provar que se trata de você — respondeu ela, sinceramente desconsolada. — Além do mais, eu me informei, recentemente o G. contratou um advogado que é uma verdadeira celebridade no mundo jurídico, um ás da propriedade intelectual, o mais temido de todos. Entrar numa batalha jurídica perdida por antecipação, que pode lhe custar a saúde e o seu salário de um ano, será que vale a pena?

Então eu desisto, com a morte na alma. Mais uma vez, ele ganhou.

A ironia do acaso me faz trabalhar na editora que publicou o livro de G. lançado nos anos 70, o famoso ensaio intitulado *Les moins de seize ans*.

Antes de ser contratada por esse editor, verifiquei bem se os direitos autorais não haviam sido renovados: é o caso, mas não sei a razão. Gosto de dizer a mim mesma que é em virtude da reprovação moral. Talvez a realidade seja bem mais prosaica: a diminuição dos amantes desse tipo de publicação ou a vergonha deles de se confessarem como tal.

Infelizmente, G. continua sendo publicado em quase todas as editoras de Paris. E, mais de trinta anos depois do nosso encontro, ele não pode deixar de verificar, continuamente, se seu domínio ainda tem efeito sobre mim. Não sei como ele consegue descobrir meu paradeiro, mas o meio literário é do tamanho de uma formiga e as fofocas correm rápido. Nem foi preciso ir muito longe. Uma manhã, chego ao escritório da editora em que trabalho e dou de cara com um longo e envergonhado e-mail da diretora. Há várias semanas, ela é literalmente perseguida por G., que lhe envia mensagens pedindo para que ela seja intermediária entre e mim ele.

"Eu realmente sinto muito, V. Já faz um tempo que tento barrar esses e-mails para não incomodá-la com essa história. Mas, como nada parece acalmá-lo, finalmente resolvi falar com você para que veja as mensagens", me escreve ela.

Nesse encaminhamento que leio transida de vergonha, G. traça o curso da nossa história detalhando-a extensivamente (caso ela não estivesse a par, e como se isso tivesse alguma coisa a ver com ela). Além dessa insuportável violação da minha vida privada, o tom era ao mesmo tempo meloso e patético. Dizendo-se à beira da morte, ele escreve, entre outros disparates, que seu mais caro desejo é me ver de novo, tentando provocar a piedade dela. Atingido por uma grave doença, ele não pode deixar este mundo em paz enquanto não vir meu querido rosto, blá-blá-blá... Não se pode recusar nada a um moribundo, blá-blá-blá... Por isso, ele suplica, ela deve me transmitir as mensagens a qualquer preço. Como se aceitar os caprichos dele fosse algo óbvio.

Como não tinha meu endereço pessoal, ele lamenta ser obrigado a escrever para o meu trabalho. Isso é o cúmulo! Hipocritamente, ele se surpreende por eu não ter respondido a uma carta (bem mais de uma, na realidade), e explica isso pela nossa recente mudança de instalações.

Na realidade, várias vezes vi as cartas de G. sobre a minha mesa e as joguei fora, sem ler. Para me obrigar a abrir uma delas, um dia ele mandou outra pessoa subscrever o envelope, para que eu não reconhecesse sua letra. De qualquer modo, o conteúdo é sempre o mesmo há trinta anos: o meu silêncio é um mistério. Sem dúvida, devo me consumir de arrependimento por ter destruído uma união tão nobre e por fazê-lo sofrer tanto! Ele nunca me perdoará por tê-lo deixado. Não se desculpa de nada. A culpada sou eu, culpada por ter posto um fim na mais bela história de amor que um homem e uma adolescente possam ter vivido. E o que quer que eu diga, eu sou e continuarei a ser dele por toda a eternidade, pois a nossa louca paixão nunca deixará de luzir na noite, graças aos seus livros.

Em resposta à clara recusa da diretora literária com quem trabalho de interceder a seu favor, uma frase de G. me salta aos olhos: "Não, eu nunca farei parte do passado de V., nem ela do meu".

De novo a raiva surda, o rancor e a impotência voltam à superfície.

Ele nunca me deixará em paz.

Em frente à tela do computador, desabo em soluços.

Em 2013, G. retorna em grande estilo à cena literária, que o deixara de lado havia duas décadas. Atribuem-lhe o prestigioso prêmio Renaudot, por seu último ensaio. Muitas pessoas queridas para mim não hesitam em louvar publicamente, em estúdios de televisão, o talento inegável dessa grande figura literária. Que seja. A questão não é essa, na verdade. A minha experiência pessoal me impede de fazer um julgamento objetivo sobre o trabalho dele, que só me inspira aversão. Sobre o alcance de sua obra, no entanto, eu gostaria que as restrições que começaram a aparecer vinte anos atrás em relação aos seus atos e às ideias que defende em alguns livros fossem mais extensas.

Uma polêmica — infelizmente de fraco alcance — é deflagrada no momento da entrega desse prêmio. Alguns poucos jornalistas (jovens, de modo geral, de outra geração que não a dele nem a minha) se levantam contra essa distinção honorífica. Quanto a G., no discurso que pronunciou por ocasião da entrega do prêmio, ele alegou que tal reconhecimento coroava não só um dos livros, mas o conjunto da sua obra, o que não era o caso.

"Julgar um livro, um quadro, uma escultura, um filme não por sua beleza, por sua força de expressão, mas por sua moral ou pretensa imoralidade, é uma espetacular idiotice, mas, além de tudo, ter a ideia malsã de redigir ou assinar uma petição se indignando do belo acolhimento que pessoas de bom gosto deram a essa obra, uma petição cujo único objetivo é prejudicar o escritor, o pintor, o escultor, o cineasta, é puramente asqueroso", ele se defende na imprensa.

"Puramente asqueroso"?

E fazer sexo com "cus frescos" no exterior, graças aos direitos autorais que recebe descrevendo seus jogos sexuais com colegiais, antes de publicar na internet as fotos delas, sem consentimento e encoberto pelo anonimato, como se chama isso?

Hoje em dia, que eu mesma me tornei editora, não consigo compreender que prestigiosos profissionais do mundo literário tenham publicado os volumes dos diários de G. que incluíam nomes, lugares, datas e todos os detalhes que permitiam, ao menos para as pessoas próximas, identificar as vítimas, sem nunca fazer preceder essas obras de um mínimo de distanciamento, dado o seu conteúdo. Ainda mais quando está explicitamente escrito na capa que o texto é o diário do autor, e não uma ficção, por trás da qual ele poderia com habilidade se proteger.

Refleti por muito tempo sobre essa brecha incompreensível num contexto jurídico que, no entanto, é muito abalizado, e só vejo uma única explicação. Se as relações sexuais entre um adulto e um menor com menos de quinze anos são ilegais, por que essa tolerância quando elas se referem a um representante de uma elite — fotógrafo, escritor, cineasta ou pintor? Só posso acreditar que o artista pertence a uma casta à parte, que ele é uma pessoa de virtudes superiores à qual demos um mandato de onipotência, sem outra contrapartida a não ser a produção de uma obra original e subversiva; uma espécie de aristocrata detentor de privilégios excepcionais diante do qual o nosso julgamento, num estado de cega estupefação, deve desaparecer.

Qualquer outro indivíduo que publicasse, por exemplo, nas redes sociais, a descrição de suas relações sexuais com um adolescente filipino ou se vangloriasse de sua coleção de amantes de catorze anos, teria de enfrentar a justiça e seria imediatamente considerado criminoso.

Fora os artistas, só entre os padres assistimos a tal impunidade.

A literatura desculpa tudo?

Por duas vezes cruzei com a jovem cujo nome eu havia descoberto no famoso caderninho preto de G. Nathalie era uma das conquistas que ele havia mantido, apesar das suas negativas, durante a nossa ligação.

A primeira vez foi numa cervejaria que G. tinha o hábito de frequentar. Uma mesa sempre ficava reservada para ele e tínhamos ido jantar ali alguns meses antes. Entrei nesse bar para comprar cigarros tarde da noite, havia poucas chances de que G. estivesse lá, ele sempre dormia com as galinhas. Infelizmente, eu estava enganada. Eu o vi assim que entrei, bem como a menina sentada na frente dele. Fiquei abalada com o brilho e o frescor daquele rosto. Instantaneamente me senti velha. Eu ainda não tinha dezesseis anos. Havia rompido com ele havia menos de um ano.

Cinco anos depois, com vinte e um anos, quando desço o Bulevar Saint-Michel ao sair de uma aula na Sorbonne, uma voz me chama, gritando várias vezes o meu nome da calçada em frente. Eu me viro, mas não reconheço imediatamente a jovem que agita a mão na minha direção. Ela atravessa correndo —

podia até ser atropelada — e me refresca a memória. Chama-se Nathalie e relembra, um pouco embaraçada, o breve e doloroso encontro de uma noite, em uma enfumaçada cervejaria parisiense, quando G. teve a impertinência de me cumprimentar com um sorriso triunfante. Ela me pergunta se tenho tempo para um café. Não sei ao certo se quero compartilhar o que quer que seja com ela, mas uma coisa me intriga: seu rosto havia perdido o brilho que me fizera tão mal à época, a ponto de eu achar que minha juventude havia sido roubada pela dela. Eu poderia, orgulhosamente, satisfazer um sentimento de revanche. Mas, para correr o risco de me abordar dessa maneira, bem no meio da rua, sendo que cinco anos atrás ela havia se tornado amante de G. ao mesmo tempo que eu, precisava ser muito descarada. Percebo que ela não está muito bem. Seu rosto está consumido de angústia.

Sorrio e aceito conversar um pouco, apesar de seu ar exaltado e um pouco inquietante. Nós nos sentamos e, na mesma hora, as palavras começam a jorrar. Nathalie me fala de sua infância, da família esfacelada, do pai ausente. Como não me reconhecer? O mesmo cenário. A mesma náusea. Em seguida, ela me conta o mal que G. lhe fizera, as manipulações para isolá-la da família, dos amigos, de tudo o que constituía sua vida de menina. Ela me lembra a maneira como G. fazia amor, mecânica e repetitiva. Pobre pequena que havia confundido, ela também, amor com sexo. Concordo inteiramente com ela, tudo me volta, cada detalhe, e, enquanto as palavras despencam, eu me sinto febril, pressionada a dizer "comigo também", "igualzinho", e a que ponto a lembrança dessa experiência continua sendo dolorosa.

Nathalie não para de falar, de se desculpar, de morder o lábio, de rir nervosamente. Se G. presenciasse esse encontro, sem dúvida teria ficado horrorizado, pois sempre agiu de modo que evitasse o menor contato entre suas amantes, certamente com medo de ver uma horda furiosa urdir uma vingança coletiva contra ele.

Nós duas temos a impressão de quebrar um tabu. No fundo, o que nos liga, nos aproxima? Uma necessidade transbordante de desabafar com alguém que possa nos compreender. E isso realmente me alivia, o fato de me sentir solidária com uma menina que, alguns anos atrás, só fora uma rival entre tantas outras.

Nesse novo arroubo de fraternidade, tentamos nos tranquilizar: esse episódio fica completamente para trás, podemos até rir dele, sem ciúme, sofrimento ou desespero.

— E pensar que ele se acha o máximo, o melhor dos amantes, o que, na realidade, é patético!

Um riso nervoso se apodera de nós. E, de repente, o rosto de Nathalie fica novamente tranquilo e luminoso. Como aquele rosto que eu havia admirado cinco anos atrás.

Em seguida vêm os meninos, Manila.

— Você acha que ele é mesmo homossexual? Ou pedófilo? — Nathalie me pergunta.

— Provavelmente *efebófilo*. (Eu estudo Letras e, ao pesquisar não lembro mais que autor, me deparei com essa palavra com a qual simpatizo muito.) Ele gosta da puberdade. Sem dúvida, permaneceu bloqueado nessa fase. Ele pode ser terrivelmente inteligente, mas o psiquismo é o de um adolescente. E, quando ele está com meninas bem jovens, você sabe, também se sente como um garoto de catorze anos. Com certeza é por isso que ele não tem consciência de que está fazendo alguma coisa de mal.

Nathalie cai na gargalhada de novo.

— É, você tem razão, prefiro vê-lo assim. Às vezes eu me sinto realmente suja. Como se fosse eu que tivesse dormido com meninos de onze anos nas Filipinas.

— Não, não foi você, Nathalie. Nós não temos nenhuma culpa, nós somos como esses meninos, não tivemos ninguém para nos proteger naquele momento. Acreditamos que o G. fazia a gente se sentir especial, mas ele estava nos usando, talvez sem querer. É a patologia dele que quer isso.

— Pelo menos somos livres para dormir com quem a gente quiser, não só com velhos! — ri Nathalie.

Agora eu tinha a prova de que não era a única a carregar o peso de me relacionar com G. E, ao contrário do que contava nos livros, ele não deixava um sentimento emocionado nas jovens amantes.

Nathalie e eu não trocamos números de telefone nem nada que permitisse nos rever algum dia. Não tinha cabimento. Simplesmente nos abraçamos e nos desejamos uma boa caminhada.

O que foi feito de Nathalie? Espero que ela tenha encontrado um rapaz da idade dela, que a tenha amado com o seu sofrimento e a livrado da vergonha. Espero que ela tenha vencido essa luta. Mas, atualmente, quantas meninas se envergonham, como ela naquele dia, com o rosto desfeito, devastado, e uma enorme necessidade de serem ouvidas?

É inacreditável. Eu nunca teria pensado que isso fosse possível. Depois de tantos fracassos sentimentais, tanta dificuldade em receber o amor sem reticências, o homem que me acompanha na vida soube cicatrizar as feridas que carrego. Agora temos um filho que está entrando na adolescência. Um filho que me ajuda a crescer. Isso porque foi preciso deixar de ter eternamente catorze anos para ser mãe. Ele é bonito, tem o olhar muito doce, sempre um pouco distraído. Por sorte, faz poucas perguntas sobre a minha juventude. E é muito bom assim. Por muito tempo, para os filhos, só existimos a partir do momento em que eles nascem. Talvez ele sinta, intuitivamente, que existe uma zona obscura na qual é melhor não se aventurar.

Quando ainda passo por fases de depressão e crises irreprimíveis de angústia, é sempre em minha mãe que eu me prendo. Repetidas vezes tento obter dela um arremedo de desculpa, uma pequena contrição. Eu dificulto a vida dela, que nunca cede, agarrada às suas convicções. Quando tento fazê-la mudar de ideia em relação aos adolescentes de hoje, dizendo: "Olhe, não está vendo a que ponto ainda se é uma criança aos catorze anos?", ela me responde: "Não tem nada a ver. Você era bem mais madura com essa idade".

E, depois, no dia em que lhe faço ler este texto e que temo por sua reação mais que qualquer outra, ela me escreve: "Não mude nada. É a sua história".

Atualmente, G. já passou da idade canônica de oitenta e três anos. No que se refere à nossa relação, os fatos já prescreveram há muito tempo, e — bendito seja o passar do tempo — ele não é mais um autor notável e seus livros mais transgressivos caem pouco a pouco no esquecimento.

Longos anos se passaram antes que eu decidisse escrever este livro, mais ainda em aceitar publicá-lo. Até agora, não estava preparada. Os obstáculos me pareciam intransponíveis. Inicialmente havia o medo das consequências do relato detalhado desse episódio sobre o meu círculo familiar e profissional, consequências sempre difíceis de avaliar.

Também era preciso superar o medo do pequeno grupo de pessoas que talvez ainda protegesse G. Isso não se pode desprezar. Se este livro fosse publicado algum dia, eu poderia ter de enfrentar violentos ataques da parte dos admiradores de G.; e também dos antigos participantes dos movimentos do ano de 1968, que se sentiriam acusados porque eram signatários de famosa carta aberta da qual ele era o autor; talvez também da parte de algumas mulheres que se opunham ao discurso "tradicionalista" sobre a sexualidade; enfim, de todos os que eram contrários à volta da ordem moral...

Para ter coragem, acabei por me agarrar aos seguintes argumentos: se eu quisesse estancar a minha raiva de uma vez por todas e me apropriar desse capítulo da minha vida, sem dúvida, escrever seria o melhor remédio. Várias pessoas já haviam me sugerido isso ao longo dos anos. Outras, ao contrário, haviam tentado me dissuadir, pelo meu bem.

Foi o homem que eu amo que finalmente me convenceu. Isso porque escrever seria voltar ao tema da minha própria história. Uma história que me fora confiscada há muito tempo.

Para dizer a verdade, eu me surpreendo que, antes de mim, nenhuma outra mulher, menina na época, não tenha escrito nada para tentar corrigir a sempiterna sucessão de maravilhosas iniciações sexuais que G. desenvolve em seus livros. Eu teria amado que alguma outra o fizesse no meu lugar. Talvez fosse mais talentosa, mais hábil, mais liberada. E, com certeza, isso teria me aliviado de um peso. Esse silêncio parece corroborar os dizeres de G. e provar que nenhuma adolescente tenha do que se queixar por havê-lo conhecido.

Não acredito que isso seja verdade. Acho, sobretudo, que é extremamente difícil se desfazer de uma tal dominação, dez, vinte ou trinta anos depois. Toda ambiguidade de se sentir cúmplice desse amor que, forçosamente, sentimos, dessa atração que nós mesmas suscitamos, nos ata as mãos mais do que alguns adeptos que restam a G. no meio literário.

Ao conquistar meninas solitárias, vulneráveis, com pais que não tinham controle sobre as filhas ou eram ausentes, G. sabia, de maneira pertinente, que elas jamais ameaçariam sua reputação. E quem cala *consente*.

No entanto, que eu saiba, nenhuma dessas inumeráveis amantes fez questão de testemunhar em um livro a maravilhosa relação que havia vivido com G.

Isso seria um sinal?

O que mudou hoje em dia, e de que se queixam sujeitos como ele e seus defensores ao repreender o puritanismo reinante, é que, após a liberação dos costumes, a fala das vítimas, ela também, esteja se libertando.

Recentemente eu quis visitar o prestigioso Instituto Memória da Edição Contemporânea.* É uma antiga abadia, situada na planície de Caen e magnificamente restaurada, onde podemos, entre outros tesouros, consultar com hora marcada os manuscritos de Marcel Proust ou de Marguerite Duras. Antes de ir, procurei na internet a lista dos autores cujos arquivos eram mantidos lá e levei um susto quando achei o nome de G. M. Alguns meses antes, ele havia doado a essa nobre instituição todos os seus manuscritos e sua correspondência amorosa. Sua posteridade estava garantida. Sua obra havia entrado para a história.

Nesse momento, desisti de ir ao IMEC. Não me vejo sentada na grande sala de estudos de silêncio solene decifrando as garatujas de um de meus autores fetiche, pensando que o meu vizinho de mesa talvez esteja consultando as cartas que

---

* Entidade sem fins lucrativos criada em 1988, com o objetivo de reunir o conjunto de documentos de editores, escritores, historiadores, filósofos, críticos etc. (N. da T.)

escrevi aos catorze anos. Também me imaginei fazendo um pedido de autorização para ter acesso às minhas cartas. Sem dúvida, teria de inventar uma mentira, uma tese a ser escrita sobre a transgressão na ficção na segunda metade do século XX ou uma dissertação sobre a obra de G. M. Será que, antes, submeteriam a ele o meu pedido? A anuência dele seria necessária? Que ironia ter de passar por tal subterfúgio para ter o direito de reler as minhas próprias cartas!

Enquanto espero, e mesmo que os autos de fé sempre tenham me inspirado o maior pavor, eu não seria contra um Carnaval de confetes feitos dos livros com dedicatória e com as cartas de G., que recuperei recentemente no fundo de uma caixa que havia ficado na casa da minha mãe, durante todos esses anos. Eu os espalharei à minha volta, com um belo par de tesouras na mão, e os picarei conscienciosamente em minúsculos pedacinhos de papel, jogando-os para o ar, num dia de tempestade, em algum lugar num canto secreto do Jardim de Luxemburgo.

Isso, a posteridade não terá.

POST SCRIPTUM
Aviso ao leitor

Nas entrelinhas, e às vezes de maneira mais crua e direta, algumas páginas dos livros de G. M. constituem apologia explícita do assédio sexual ao menor. A literatura se coloca acima de qualquer julgamento moral. Porém cabe a nós, editores, lembrar que sexo entre um adulto e uma pessoa que não tenha atingido a maioridade sexual é um ato repreensível, punido por lei.

Aí está, não é difícil, até eu poderia ter escrito essas palavras.

AGRADECIMENTOS

Obrigada a Claire Le Ho-Devianne, primeira leitora "objetiva" deste livro, pelas preciosas observações e encorajamentos.

Obrigada a Olivier Nora, que decidiu, sem hesitar, publicá--lo, pela confiança e empenho.

Enfim, obrigada a Juliette Joste pela delicadeza e acompanhamento infalível.

Impresso no Brasil pelo Sistema Cameron da Divisão Gráfica da
DISTRIBUIDORA RECORD DE SERVIÇOS DE IMPRENSA S.A.